라이어스

017
Philos

라이어스

기만의 시대, 허위사실과 표현의 자유

캐스 선스타인 지음 | 김도원 옮김

arte

2020년 팬데믹의 한복판에서

진실을 말한 이들을 위하여

일러두기

— 국립국어원의 한글맞춤법과 외래어표기법을 따르되, 관용적으로 굳어진
   일부 용어에는 예외를 두었다.
— 책은 겹낫표(『 』), 정기간행물은 겹화살괄호(《 》), 법전 및 법률명, 논문 등
   짧은 글은 홑낫표(「 」), 음악, TV 프로그램은 홑화살괄호(〈 〉)로 묶었다.
— 원문에서 이탤릭으로 강조한 부분은 굵은 서체로 표기했다.
— 인용문 중 대괄호(〔 〕) 안에 표기된 표현은 저자가 이해를 돕기 위해
   원문에 더해 추가한 내용이다.
— 원주는 원문과 같이 후주로 두었고, 옮긴이 주는 본문 내 해당 설명부 다음에
   괄호로 묶어 표기했다.

차례

어떤 거짓말은 이기적이다. 어떤 거짓말은 부풀리거나, 뒤섞거나, 축소하거나, 그냥 생략한다. 어떤 거짓말은 선의에서 나온다. 사람들은 별것 아니라는 생각에 거짓말을 하기도 한다. 신실을 말하면 통세력을 잃게 될까 봐, 진실이 불편해서, 실망하고 싶지 않아서, 혹은 그것이 진실이기를 간절히 원해서 거짓말을 한다. 나는 그 모두를 들어 봤다. 또한 그 모두를 말해 봤다.

— 마이클 로보섬 (Michael Robotham), 『굿 걸, 배드 걸 (Good Girl, Bad Girl)』

정치의 관점에서 보면 진실은 전제군주 같은 속성을 지녔다. 그러므로 폭군들은 진실을 싫어한다. 그들이 독점할 수 없는 억압적 힘의 경쟁을 실로 두려워하는 것이다. 대중의 동의에 기반하며 억압을 배격하는 정부하에서도 진실의 입지는 오히려 불안정하다. 사실이란 합의와 동의를 넘어선 것이며, 그에 관한 모든 이야기, 정확한 정보에 기초한 모든 의견 교환조차 사실을 확립하는 데 아무런 기여도 하지 못할 것이다. 달갑지 않은 의견은 논쟁하거나 거부하거나 타협할 수 있지만, 달갑지 않은 사실은 화가 날 정도로 완고한 것이어서 명백한 거짓말 말고는 무엇으로도 움직일 수 없다.

— 한나 아렌트 (Hannah Arendt)

내 사랑이 자신은 오로지 진실하다고 맹세하면,

나는 믿네 그녀를, 그것이 거짓인 줄 알면서도,

그녀가 생각하는 나는 어떤 다듬어지지 않은 청년,

세상의 거짓된 미묘함을 알지 못하는 이일지도.

그리하여 그녀가 나를 젊게 여긴다고 헛되이 여기네,

그녀는 나의 시절이 정점을 지났음을 아는데도,

거짓을 말하는 그녀의 혀를 나는 그저 믿네.

이로써 두 사람 모두 단순한 진실을 억누르고.

그러나 어찌하여 그녀는 자신이 틀렸다고 말하지 않나?

그리고 어찌하여 나는 내가 늙었다고 말하지 않는가?

오, 사랑의 가장 좋은 습관은 그럴듯한 믿음이어라,

사랑에 빠진 노인은 나이를 말하기 좋아하지 않는다.

그러므로 나는 그녀에게 또 그녀는 나에게 거짓을 말하니,

거짓말이라는 우리의 잘못 속에서 우리 행복하리.

— 윌리엄 셰익스피어 (William Shakespeare)

편집자 서문

우리는 이러한 진리가 자명하다고 믿는다. 모든 인간은 평등하게 창조되었다. 그들은 창조주로부터 양도할 수 없는 특정한 권리를 부여받았다…….

— 「미국 독립선언문」

오늘날 미국에서 가장 자주 인용되는 법학자인 캐스 선스타인(Cass Sunstein)은 이 책에서, 현대의 허위 표현(false speech)에 대해 우리가 어떻게 생각해야 하는가라는 더욱더 복잡해지는 문제를 다룬다. 연방 대법원은 이 문제에 대해 매우 명쾌한 방식을 취했다. 허위 표현은 일반적으로 「수정헌법」 1조의 보호를 받을 가치가 '낮은' 편이라고 대법원은 인정하면서도, 그것이 전통적으로 제한을 받아 왔거나 상당한 해악을 초래하는 경우를 제외하고는 헌법적으로 규제할 수 없다고 판결했다.

허위 표현을 장려할 이유는 없다고 대법원은 인정하지만, 그런 발언을 제한하면 진실한 표현을 하려는 사람들의 의지도 위축시킬 수 있기 때문에, 우리는 허위 표현에 대한 규제가 너무 지나치지 않도록 주의해야 한다. 더군다나 적어도 정치적 영역에서는, 허위 표현을 처벌할 수 있는 권한을 정부에 너무 많이 부여하는 것은 위험하다. 권한을 가진 이들이 오로지 자기 자신의 정치적 이익을 해치는 허위 표현만을 처벌하고 싶은 유혹에 빠질 것이기 때문이다. 이런 이유 등으로, 대법원은 허위 표현 그 자체는 장려할 만한 것이 아니라고 강조하면서도 그에 대해 「수정헌법」 1조에 따른 상당한 보호를 제공했다.

『라이어스』에서 선스타인은 창의적이고 풍부한 관점으로 이런 문제들을 다룬다. 법학뿐만 아니라 철학, 윤리학, 경제학을 포함한 폭넓은 범위의 통찰을 바탕으로, 선스타인은 대법원이 취한 방식의 장점과 단점을 구체적으로 살펴보고, 오늘날의 허위 발언을 우리가 어떻게 생각해야 하는지에 관해 도전적이고 혁신적이며 정교한 일련의 관찰을 제공한다. '가짜뉴스(fake news)'라는 주장이 난무하는, 그리고 소셜미디어에 올라오는 허위사실(falsehood)의 영향력이 우리의 정치를, 사람 사이의 이해와 상호작용을 점점 더 왜곡하는 이때, 우리가 이런 근본적인 문제를 개인의 존엄성을 존중하고 우리의 민주주의를 수호하는 방식으로 고민하는 데 이 책은 필수적이다. 한마디로 이 책은 뛰어나고 독창적이며 깊은 통찰을 담고 있다.

제프리 R. 스톤(Geoffrey R. Stone)

2020년 2월

감사의 글

소중한 토론과 논평을 해 준 케일런 포드(Caylan Ford)와 에릭 포즈너(Eric Posner), 루시아 라이시(Lucia Reisch), 제프리 스톤(Geoffrey Stone), 데이비드 스트라우스(David Strauss), 태라 웨스트오버(Tara Westover)에게, 그리고 최고의 연구 조교 리아 카타니오(Lia Cattaneo)와 더스틴 파이어(Dustin Fire), 이선 로언스(Ethan Lowens)에게 깊은 감사를 전한다. 두 차례에 걸쳐 논평을 해 준 스톤에게는 특별히 감사를 표한다. 그 덕분에 책이 훨씬 나아졌다. 나는 여러 번 페이스북의 자문을 맡았으며, 거기에는 여기서 다룬 일부 문제도 포함되었다. 자문 과정에서 나눈 대화에 대해 깊이 감사드린다. 현재와 미래의 문제에 대해 매우 많은 것을 배울 수 있었다.

편집자 데이비드 맥브라이드(David McBride)는 크고 작은 문제에 관해 뛰어난 제안을 해 주었다. 항상 현명한 조언을 해 준 에이전트 새라 챌펀트(Sarah Chalfant)에게도 특별히 감사드린다. 이 책은 학술 소논문인 「허위사실과 수정헌법 1조

(Falsehoods and the First Amendment)」[01]를 바탕으로 한 것으로, 편찬 과정에서 소중한 도움을 주고 해당 문헌을 여기 인용할 수 있게 허락해 준 편집자들에게 감사를 드린다.

이 책을 시작한 것은 2018년이지만, 완성된 것은 2020년 코로나19 팬데믹을 겪는 동안이었다. 마무리 작업은 대부분 거의 봉쇄된 매사추세츠에서 재택으로 이뤄졌다. 이 시기에 진실을 말하고 허위사실을 피하는 것은 얼마나 중요한지, 말 그대로 삶과 죽음의 문제가 되었다. 곳곳에서 진실을 말함으로써 수많은 생명을 구한 이들에게 감사를 드린다.

chapter

1

거짓말과
허위사실

인간의 삶에서 진실과 거짓은 어떤 역할을 할까? 경제에서는? 보건에서는? 정치에서는?

세 가지 문제를 생각해 보자. 이들은 모두 가상의 사례이지만, 세계 곳곳에서 일어나고 있는 실제 사건에서 직접 따온 것들이다.

- 토머스 서스킨드는 의사를 사칭해 자신의 페이스북 페이지에 코로나19는 건강에 심각한 문제를 일으키지 않는다고 올린다. 서스킨드는 자료를 면밀히 분석했다며, 80세 이상인 사람이 아니라면 코로나19에 대해 정말로 걱정할 필요가 없다고 강조한다. 서스킨드는 이 주장이 틀렸다는 것을 알고 있다. 그는 어떤 자신만의 이유에 따라 유럽과 미국에 문제를 일으키려고 하는 것이다. 페이스북에서 이 글을 내리거나 일종의 바로잡기 표시를 해야 할까? 정부 당국이 페이스북에 그런 조치를 지시해야 할까?

- 존 존스라는 공직 후보자가 인기 있는 TV 방송국 혹은 웹사이트에 광고를 낸다. 광고는 존스의 상대 후보인 에릭 먼스턴이라는 정치인이 10년 전에 여직원에게 성폭력을 저질렀다는 허위 주장을 담고 있다. 존스는 그 주장이 허위라는 것을 알고 있다. 먼스턴이 방송국이나 존스를 고소할 수 있어야 할까? 방송국이 광고를 내리도록 강제할 수 있는 권한을 먼스턴에게 주어야 할까?

- 메리 윈스턴은 지역신문에 기고한 칼럼에서 백신이 자폐증을 일으킨다고 주장한다. 윈스턴은 그것이 진실이라고 믿는다. 하지만 사실은 그렇지 않다. 그럼에도 그 칼럼은 많은 부모들이 자녀의 백신 접종을 거부하는 데 영향을 끼쳤고 그 때문에 심각한 보건 위기가 발생한다. 지역 당국은 신문사에 칼럼 삭제를 명령할 수 있을까? 윈스턴에게 벌금을 부과할 수 있을까? 당국이 일종의 정정 문구를, 최소한 온라인에서라도 표시하도록 지시할 수 있을까?

팬데믹에 대해, 건강과 안전에 대해, 공직자에 대해, 배우나 가수에 대해, 이웃에 대해, 과학에 대해, 거짓말할 권리가 존재할까? 우리가 표현의 자유를 지키려고 한다면 거짓말을 용인해야만 하는 것일까? 허위사실 전반에 대해서는 어떨까? 진실이란 얼마나 중요하며, 진실을 보호하기 위해 정부는 무엇을 해야만 할까?

친밀한 관계의 특성은 신뢰이다. (사람은 아마도 결정적인 순간, 상대방에게 "난 당신을 신뢰한다"라고 선언할 것이다.)
친밀한 우정 또한 마찬가지다. 진실을 말하는 것은 신뢰의 핵심
이다. 고용주와 직원, 또는 (가령 식당, 병원, 학교 등에서) 함께
일하는 사이에서도 비슷하다고 말할 수 있다. 이들 중 어떤 사
이에도 거짓말이 전혀 없을 것 같지는 않지만, 몇몇 경우 거짓
말은 관계를 파탄 낸다. 정치에서는 진실을 말하는 게 딱히 보
편적인 원칙은 아니다. 하지만 정치에서도 어떤 거짓말은 파국
을 몰고 올 수 있다. 선을 넘는 거짓말들이다. 여기에 대해서는
어떻게 해야 할까?

대법관 올리버 웬들 홈스 주니어(Oliver Wendell Holmes Jr.)
는 유명한 판결문에서 이렇게 적었다. "표현의 자유를 가장 엄
격하게 보호하더라도 극장에서 거짓말로 '불이야'라고 소리쳐
서 아수라장을 만드는 사람을 보호하지는 않을 것이다."[01] 바로
지금, 수많은 이들이 사람들로 붐비는 극장에서 거짓말로 "불이
야"라고 소리치고 있다. 그들은 아수라장을 만들고 있다. 백번
양보해도, 그와 굉장히 비슷한 일을 하고 있다. 그들은 분명히
소리치고 있고, 그들의 외침은 거짓이다. 어떤 경우 그들의 거
짓말은 질병과 죽음으로 이어진다. 다른 경우, 그들의 거짓말은
민주적 자치의 핵심을 손상시킨다. 어떤 거짓말은 러시아 같은
외국 정부가 만들어 낸다. 또 어떤 거짓말은 자생적이다. 공직
자나 정치인, 그들의 지지자들이 만들어 내기도 한다.

중요한 것은, 거짓말이 아닌 허위사실도 많다는 점이다. 그런
주장을 만들거나 퍼뜨리는 사람들은 진정으로 그것이 진실이

라고 믿는다. 거짓말은 허위사실이라는 넓은 범주의 일부일 뿐
이다. 어떤 사람들은 스스로 틀렸다고 믿는 사실을 말한다. 어
떤 사람들은 경솔하다. 허위사실을 퍼뜨리고 있다는 게 분명한
데도, 자신들이 무슨 일을 하고 있는지 스스로 알지 못한다. 또
어떤 사람들은 그저 실수를 한다. 그들에겐 그럴 만한 이유가
있었겠지만, 결국 틀린 것으로 드러난다.

이와 같은 차이는 중요하다. 허위사실을 처벌 또는 규제할 수
있는지 혹은 해야 하는지 결정하려 한다면, 발언자가 거짓말을
한 것인지, 경솔했는지, 아니면 단순히 착각한 것인지 파악하는
게 중요할 것이다. 하지만 가장 순수한 실수조차도 파괴적이고
위험할 수 있다. 메리 윈스턴의 사례를 생각해 보자. 그녀는 거
짓말쟁이는 아니었다. 사람들은 보건이나 안전에 관해 실수를
하고, 그들의 실수로 생명이 희생된다.

두 가지 목표

그럼에도 이 장에서 나의 첫 번째 목표는 다음과 같은 주장
의 토대를 강화하는 것이다. 일반적으로 허위사실은 설령 거짓
말일 경우에도 검열이나 규제의 대상이 되어서는 안 된다. 많은
사람들은 이런 주장이 불편할 것이다. 하지만 자유로운 사회는
허위사실도 보호한다. 공직자가 진실 순찰대(truth police)처럼
행동하는 것은 허용될 수 없다. 그 이유는 진실과 허위를 구분

할 공직자들을 우리가 신뢰할 수 없기 때문이다. 그들의 판단은 믿을 수 없고, 그들의 편견은 방해가 된다. 만일 공직자들에게 허위사실을 처벌할 권한이 주어지면, 그들이 벌하는 것은 결국 반대 의견일 것이다. 미국 연방 대법원의 오랜 역사상 가장 위대한 판결문에서 대법관 로버트 잭슨(Robert Jackson)이 밝혔듯이, "반대 의견을 강압적으로 제거하기 시작하는 이들은 곧 반대하는 사람들도 처단하게 될 것이다. 강제적인 여론의 통일은 단지 무덤의 통일을 이룰 뿐이다".[02]

허위사실에 대한 최선의 대응은 보통 그것을 처벌, 검열하는 것이 아니라 바로잡는 것이다. 처벌이나 검열은 허위사실에 땔감을 공급하는 꼴이 될 수 있고, 어떤 경우에는 산소 같은 역할을 한다. 이런 생각은 오랫동안 존중받아 왔지만, 지금은 어느 정도 수세적인 입장이기도 하다. 우리는 이 입장을 더 잘 이해해야 한다. 더 잘 깨달아야 한다. 우리는 무엇보다 정부의 과도한 권한에 맞서야 하지만, 또한 진정한 자유를 만끽할 수 있게도 해야 한다. 텔레비전과 잡지, 신문은 물론 온라인 공간과 페이스북, 트위터 같은 소셜미디어 플랫폼에서도 말이다.

나의 두 번째 목표는 이들 결론을 입증하고, 그중 일부는 취소하는 것이다. 일반화의 중요성을 강조한 조슈아 레이놀즈 경(Sir Joshua Reynolds)의 강연을 평가하며 윌리엄 블레이크(William Blake)는 이렇게 썼다. "일반화란 바보가 되는 것이다. 구체화란 진정한 장점을 홀로 구별해 내는 것이다." 블레이크는 덧붙였다. "내가 레이놀즈 같지 않다는 데 신께 감사드린다."[03]

레이놀즈처럼 되지 않기 위해 나는 일부 거짓말과 허위사실에 대해서는 정부가 규제할 권한을 가져야 한다고 주장할 것이다. 최소한 어떤 객관적인 기준으로 볼 때 진정으로 해롭다는 점이 입승될 수 있다면 말이다. 정리하자면 이렇다. **허위사실이 심각한 해악을 초래할 위험이 있고, 표현의 자유를 좀 더 보장하면서도 그런 해악을 막을 수 있는 다른 방법이 없다는 점을 정부가 증명할 수 있다면, 그 허위사실은 헌법적으로 보호받지 못한다.** 또 분명한 거짓말을 규제하기 위해서는 정부가 해악의 위험성을 입증해야 하지만, 입증 수준은 고의성 없는 허위사실을 규제하기 위해 요구되는 것보다는 낮아도 된다고 주장하고자 한다.

규제가 가능한 허위사실들의 경우에는 엄격한 예외이다. 하지만 중요하다. 「미국 연방헌법」에 따르면 정부는 지금도 명예훼손을 규제하기 위해 상당한 조치를 취할 수 있다. 정부는 지금도 허위광고를 규제할 수 있다. 정부는 더 많은 일을 할 수 있어야 한다. 정부는 공중보건과 공공안전에 심각한 위협을 초래할 수 있는 특정한 종류의 거짓말과 허위사실을 제한, 처벌할 수 있어야 한다. 민주적 절차를 보호하기 위해 정부는 어떤 거짓말과 허위사실의 경우 명예훼손 요소가 없더라도 규제할 수 있어야 한다. 정부는 조작된 영상을 규제할 수 있어야 한다. 명예훼손인 경우는 물론이고, 그렇지 않은 경우에도 시청자들이 그 영상은 조작된 것임을 알 수 있게 해야 한다. 이런 결론을 옹호하면서 나는 엄청나게 다양한 수단이 존재한다는 점에 주목하길 원한다. 정부는 검열이나 처벌을 할 필요가 없다. 정부는

(예컨대) 정정 표시나, 허위사실이 유포될 가능성을 줄이는 일정한 형태의 선택 방식을 요구할 수 있다.

나는 또한 방송국, 잡지, 신문, (페이스북과 유튜브, 트위터 등) 소셜미디어 플랫폼과 같은 민간기관이 거짓말과 허위사실 유포를 늦추거나 멈출 수 있는 상당한 여지를 갖고 있다고 주장할 것이다. 일부 기관은 이미 주도적으로 상당한 조치를 취했으며, 이들의 창의적인 방식에서 공직자들도 많은 점을 참고할 만하다. 하지만 그들은 더 많은 조치를 해야 한다. 그들이 방관하는 동안 실제로 사람들은 큰 피해를 입는다. 공공기관과 민간기관 역시 마찬가지다.

가짜뉴스

만일 모든 거짓말을 일일이 금지하거나, 인간의 삶에서 거짓말과 허위사실을 완전히 뿌리 뽑으려고 한다면, 아마도 별로 재미가 없을 것이다.

사람들은 자랑한다. 자신의 업적을 과장하는 것이다. 어떤 사람들은 아첨한다. 사람들이 듣고 싶어 하는 말을 하는 것이다. 사람들은 스스로를 보호하고자 자신을 위협하는 사람에게는 거짓말을 한다. (목적이 수단을 정당화할까? 안 되는 것은 아니다. 어떤 경우에는 그렇다.) 우리는 농담을 하고 허풍을 떨기도 한다. 기자들은 진실을 말하기 위해 정말 열심히 노력하지만,

그럼에도 허위사실을 전할 때가 있다. 진실을 말하지 않는 것, 심지어 거짓말하는 것을 범죄로 규정하는 나라에서는 아무도 살 수 없다. 그런 나라는 자유를 짓밟을 것이다.

하지만 어떤 거짓말, 어떤 허위사실은 도가 지나치다. 약을 판매하는 (가상의) 회사 '바턴 메디컬'을 생각해 보자. 신제품을 출시한 이 회사는 이렇게 광고한다. "이 약을 매일 먹으면 절대로 암에 걸리지 않습니다!" 만일 그 제품에 암 예방 효과가 없다면 이 회사는 당국의 단속 대상이 될 것이 거의 확실하다. 최고로 자유로운 사회에서도 그렇다. 하지만 무엇이 허용될 수 없고 무엇이 허용돼야 하는지 구별하는 기준을 떠올리기는 간단치 않다. 이 작업을 위해 우리는 표현의 자유라는 체제의 토대를 살펴봐야 한다. 그 체제가 무엇을 위한 것인지, 무엇을 하기 위해 고안된 것인지 이해해야 한다.

이런 문제는 항상 중요하지만, 현대사회에서는 더욱 시급하다. 한 가지 이유는 물론 현대 기술의 발전이다. 기술의 발전으로 허위사실은 순식간에 퍼질 수 있다. 안전이나 보건, 유명 인사에 대해 거짓말을 퍼뜨리고 싶다면 손쉽게 할 수 있다. 거짓말을 해서 물건을 팔고 싶다면 바로 오늘 해 볼 수 있다. 만일 공직자가 자신의 업무에 관해 거짓말을 하고 싶다면 그야말로 순식간에 다수의 대중에게 전달할 수 있다. 공직자나 옛 연인, 이웃, 당신이 싫어하거나 그냥 안 좋아하는 사람을 공격하고 싶을 때도 똑같이 할 수 있다. 아니면 '가짜뉴스'를 생각해 보자. 클릭 수를 높이기 위해, 사회 분열을 일으키기 위해, 아니면 북미와 유럽을 비롯한 여러 곳에서 특정한 방향으로 정치적 결론을 유도하기 위해 해외와 국내의 일당들이 가짜뉴스를 퍼뜨린다. 많은 뉴스는 실제로 가짜이고, 이는 심각한 문제이다.

하지만 역설적으로, '가짜뉴스'라는 주장 자체가 가짜일 때도 많다. 무엇이 진실인지 판단하기는 그래서 쉽지 않게 된다. 유력한 정치인들은 자신이 비판을 받게 되면 "가짜뉴스다!"라고 외친다. 아무것도 가짜가 아니고 주장에 담긴 사실이 진실할 때조차도 그런다. 가짜뉴스라는 주장이 진짜 가짜뉴스인 것이다. 결과적으로 여러 가지 문제에 관해 사람들은 이제 혼란스러운 상태에 빠졌다. 성 아우구스티누스(St. Augustin)는 이렇게 말했다. "진실에 대한 관심이 사라지거나 조금이라도 약해지면, 모든 것이 의심스러운 상태로 남게 될 것이다."04 또는 여러 나라의 지도자를 포함한 유력 인사들이 과학이나 이미 입증된 사실을 부정하는 경우를 생각해 보자. 공직자의 거짓말이나 정치 무대에 등장하는 거짓말이 커다란 영향력을 발휘하는 일이 새로울 것은 없지만, 최근엔 확실히 그런 거짓말이 많다.

민주주의 수호법

명백한 진실은 있다. 떨어뜨린 물체는 낙하한다. 지구는 태양 주위를 돈다. 홀로코스트는 실제로 일어났다. 버락 오바마는 미국에서 태어났다. 엘비스 프레슬리는 죽었다. 흡연은 암을 유발한다. 공식 허가를 받은 백신은 자폐증을 일으키지 않는다.

많은 허위사실은 별문제를 일으키지 않는다. 농담, 풍자, 과장, 일종의 호들갑, 과장된 칭찬, (예컨대 면접이나 첫 데이트에서) 좋은 인상을 주려는 노력으로 용인될 만한 것 등이 그렇다. 다른 허위사실은 해롭다. 그것은 목숨을 앗아간다. 근본적인 문제에 대한 사람들의 인식을 왜곡한다. 건강을 위협한다. 사람들이 불필요한 위험을 겪게 한다. 사람들이 중대한 위험에서 스스로를 보호하지 않도록 부추긴다. 자치의 토대를 허문다. 좋은 사람이 끔찍한 일을 했다고, 혹은 끔찍한 사람이 좋은 일을 했다고 사람들이 잘못 생각하게 한다.

이에 대응하여 연방의회나 주에서 '민주주의 수호법'이라는 새로운 법을 제정한다고 생각해 보자. 이 법은 공직 후보자에 대한 허위사실을 유포, 출판하는 행위를 민사상 불법행위로 규정한다(형사 범죄는 아니다). 이 법은 신문과 방송뿐 아니라 페이스북과 트위터 같은 소셜미디어에도 적용된다. 배상액은 1달러이며, 출판·유포 중지 명령이 함께 내려진다. 민주주의 수호법은 「수정헌법」 1조 위반일까?

답은 명백하게 '그렇다'이다.[05] 하지만 왜 그런지는 분명하지 않다.[06] 이 책에서 나의 주요 목표 중 하나는 왜 국가가 고의성 없는, 나아가 고의적인 허위사실도 보호하는지 설명하는 것이다. 이와 함께 「미국헌법」에 대해 오늘날 환영받은 두 가지 해석을 소개할 것이다. 하지만 세 번째 환영이 없다는 게 중요하다. 실제로 그것은 극심한 반발에 더 가까웠다.

나는 사람들이 자신의 명예를 보호할 수 있는 방안에 관심이 있다. 명예란 그 사람의 재산이자 자유의 일부라고 볼 수 있다. 무엇보다도 나는 '뉴욕타임스 대 설리번(*New York Times Co. v. Sullivan*)[07] 사건'에서의 결정적 판결이 제시한 기준을 만족시키지 못하는 명예훼손 발언에 대해서도 공인(public figure)이 배상을 받을 수 있어야 한다고 주장할 것이다. 이 판결은 명예훼손에 해당하는 발언도 폭넓게 보호하지만, 점점 시대에 맞지 않는 것으로 보인다. 온라인에서 어떤 일이 일어나는지, 정보가 어떻게 확산되는지 더욱 잘 알게 된 오늘날에 비춰 보면 구닥다리이다.

그러나 허위사실로 인한 피해는 명예의 손상을 훨씬 넘어선다. 여론을 흔들기 위해, 사회갈등을 강화하기 위해, 어떤 명분을 홍보하기 위해, 아니면 적을 약화시키기 위해 외국 정부가 소셜미디어에 허위사실을 올릴 수 있다. 공직 후보자가 자신의 경력을 속일 수도 있다. 조작된 영상이 꼭 명예훼손인 것은 아니다. 그것은 아무 일도 하지 않은 사람을 영웅적인 행동에 나선 사람으로 그릴 수 있다. 디프페이크(deepfake)는 조작해 낸 가짜 사건과 실제를 구분하기 매우 어렵거나 심지어 불가능하게 만든다. 나는 정부가 (일부) 허위 진술(false statement), 디프페이크, 조작 영상을 규제할 권한을 가져야 한다고 주장할 것이다.

더 분명히 말하자면, 방송국, 신문, 잡지, 페이스북, 트위터, 유튜브, 그 밖의 소셜미디어들에서는 허위사실의 확산을 막기 위해 지금보다 더 많은 일을 해야 한다. 물론 표현의 자유와 그것이 지닌 가치는 존중돼야 한다. 하지만 공중보건과 공공안전,

민주적 절차, 개인과 기관의 명예, 그리고 가장 넓게는 진실, 즉 흔들릴 수 없는 사실에 대한 존중과 인정이라는 사회적 규범을 보호하기 위해서도 힘써야 한다.

한나 아렌트는 이렇게 경고했다.

권력의 횡포 아래에서 진실한 사실이 살아남기란 실로 쉽지 않다. 그것은 일시적으로, 나아가 어쩌면 영원히 세상 바깥으로 추방될 위험에 항상 놓여 있다. 인간의 정신이 만들어 낸 공리, 발견, 이론, 심지어 가장 잠정적인 이론과 비교해도 사실과 사건은 더욱 무한하게 취약하다. 이들은 끊임없이 변화하는 인간의 활동 속에서 일어난다. 그 변동 속에서 이른바 인간 정신 구조의 상대적 영원성보다 더 영원한 것은 없다.[08]

로드맵

이 책은 짧지만 다양한 토대를 다룬다. 2장에서는 분석의 토대가 될 개념 틀, 다양한 상황에 적용할 수 있는 도구를 만들고 간략히 설명한다. 발언자의 의식 상태가 중요하다. 허위사실이 일으키는 해악의 규모도 중요하다. 정부가 사용하는 수단에 대해서도 주목할 필요가 있다. 앞으로 보겠지만 활용할 수 있는 수단은 다양하고, 어떤 수단은 다른 것보다 더욱 강력하다.

3장은 주로 윤리에 초점을 맞춘다. 거짓말이 뭐가 그렇게 나쁘단 말인가? 이 질문에 답하는 과정에서 우리는 거짓말이 어째서 중대하고 파괴적인 악영향을 끼칠 수 있는지 설명을 들을 수 있다. 또한 일반적인 허위사실에 대해서도 생각할 수 있다. 첫 번째 목표는 왜 거짓말이 나쁜지에 대한 공리주의 관점과 칸트주의 관점을 구분하고, 대부분의 경우 두 관점은 결과적으로 수렴한다는 점을 보이는 것이다.

4장에서는 「미국 연방헌법」의 현 상황, 거짓말과 허위사실에 관한 연방 대법원의 주요 판결을 간략히 논의한다. 거짓말도 어떤 의미에서는 헌법적 권리라는 비교적 최근의 명제도 다룬다. 이 명제에는 많은 문제가 있음을 보이는 것이 나의 주요 목표 중 하나이다. 그 과정에서 나는 다른 이해 방식을 위한 여지도 남겨 두고자 한다. 공직 후보자가 "저는 전쟁 영웅입니다" 아니면 "상대 후보는 강간범입니다"라고 주장하는데 그것이 거짓말이라면, 표현의 자유라는 원칙이 이를 보호해야 하는지 묻는 것은 정당하다.

5장은 이 책의 핵심이라고 할 수 있는데, 더 근본적인 질문을 파고든다. 허위사실을 도대체 왜 보호해야 하는가? 여기에 답하기 위해 이 장에서는 표현의 자유 일반에 관해 오랫동안 중시되어 온 몇 가지 주장을 검토한다. 앞으로 보겠지만 이들 주장은 허위사실이라는 맥락에서 살펴보더라도 상당한 설득력을 지니며, 그래서 전 세계의 모든 공직자가 명심해야 할 내용이다. 하지만 이런 주장들은 너무나도 추상적이다. 몇 가지 구체적인 질문을 마주하면 이들은 힘을 잃는다.

6장에서는 이론적 문제에서 경험적 문제로 옮아간다. 첫 번째 문제는 왜 많은 경우 허위사실이 그토록 강력한지이다. 사람들은 왜 허위사실을 믿을까? 허위사실은 왜 그렇게 빠르게 다른 사람에게 퍼질까? 한 가지 이유는 인간이 '진실 편향(truth bias)'을 나타내는 경향이 있기 때문이다. 어떤 진술이 거짓이라고 명시적으로, 믿을 수 있는 설명을 들은 경우에도, 우리는 그것이 진실이라고 기억한다. 또 다른 이유는 많은 허위사실이 말 그대로 너무나도 생생하고 놀랍고 매력적이어서 우리의 마음을 사로잡기 때문이다. 사회적 영향력 또한 허위사실이 퍼지는 데 중요한 역할을 한다. 우리는 우리가 신뢰하는 사람에게서 배운다. 그들이 거짓말을 할 때도 그렇다. 그리고 우리가 허위사실을 믿기로 한다면, 정말로 믿지 말아야 할 때도 우리는 충분히 그럴 수 있다.

7장과 8장에서는 허위사실의 특수한 맥락에서 표현의 자유가 갖는 한계를 고찰한다. 7장은 명예훼손 문제에서 출발한다. 왜 사람들이 자신의 명예를 보호할 수 없는가? 앞으로 살펴보겠지만, 미국에서 표현의 자유라는 전통은 이 질문에 적절한 답변을 내놓지 못했다.

8장은 좀 더 넓은 의미에서 해로운 표현을 다룬다. 업적에 대한 허위 주장, 보건에 대한 허위 주장, 다른 사람에 대한 무고, 가짜 이미지를 만들어 내는 첨단기술 사용 등이 그에 해당된다. 나는 보건과 안전, 민주주의 자체를 수호하기 위해 공직자들에게 상당한 여지가 주어져야 한다고 주장한다. 또한 방송국과 신문, 잡지, 페이스북과 트위터 등의 소셜미디어 플랫폼들이 허위 사실의 폐해를 막기 위해 지금보다 더 많은 역할을 해야 한다고도 주장한다. 공공기관이든 민간기관이든, 특정한 표시나 경고처럼 표현의 자유를 침해하지 않는 수단이 가능함을 기억하는 것이 중요하다.

9장에서 논의를 정리한다.

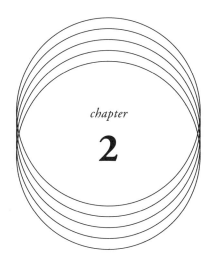

chapter

2

논의의
기초

　　세상에는 수많은 허위사실이 있고, 이들은 다양한 차원에서 서로 다르다. "불이야!"라는 외침은 혼란을 일으키기 위한 거짓말일 수 있다. 아니면 어떤 관객이 (불법으로) 담뱃불을 붙이는 것을 본 사람이 순수한 실수로 그럴 수도 있다. 중고차 판매상은 차의 주행거리를 속일 수도 있다. 데이트에 나간 남자는 자기가 얼마나 대단한 사람인지 거짓말을 할 수도 있다. 어떤 사람은 자신이 사고 현장에 없었다고 위증을 할 수도 있다. 또 누군가는 순전히 실수로 어떤 사람을 범죄 용의자라고 잘못 지목할 수도 있다.

　이같이 다양한 허위사실은 매우 어려운 문제를 제기한다. 이 문제를 다루려면 논의의 기본 틀이 필요하다. 기본 틀을 만들기 위해 우리는 네 가지 문제를 확인하고 이들을 서로 구분해야 한다. 앞으로 보겠지만, 이들 네 가지는 헌법적 문제는 물론 소셜미디어 업체를 포함해 민간기관의 의무에 관해 분석하는 데에도 역할을 한다.

1. 첫 번째 문제는 발언자의 '의식 상태'(그리고 이에 따른 책임의 정도)를 다룬다. 특징한 허위사실을 말하는 사람은 ① 거짓말을 하거나, ② 경솔하거나, ③ 부주의하거나, ④ 합리적이지만 실수한 것일 수 있다. 발언자가 어떤 범주에 해당하는지는 굉장히 중요할 수 있다. 「미국 연방헌법」에 따르면 많은 경우 그렇다. 거짓말과 ②, ③, ④의 차이는 분명하다. ②, ③, ④ 간의 차이는 그보다는 덜 분명하다. 이에 관해서는 5장에서 살펴볼 것이다.

2. 두 번째 문제는 '해악의 규모'를 다룬다. 허위사실로 얼마나 큰 피해가 초래되는가? 실제로는 연속되는 문제이지만, 논의의 편의를 위해 피해 규모를 ① 심각하다, ② 중간이다, ③ 경미하다, ④ 없다로 구분하자. 거짓말 때문에 전쟁이 일어날 수도 있다면 '심각하다'에 해당할 것이다. 하지만 많은 거짓말은 해롭지 않다. 어떤 허위사실이 규제 대상인가를 결정하는 데 그것이 심각한 해악을 끼치는지, 아니면 전혀 해롭지 않은지는 확실히 중요하다.

3. 세 번째 문제는 '해악의 가능성'을 다룬다. 이것도 연속적이지만 ① 확실하다, ② 개연성이 있다, ③ 개연성이 낮다, ④ 개연성이 매우 낮다로 나눠 보자. 어떤 허위사실은 사실상 확실하게 해악을 끼칠 수 있다. 상인이 제품에 대해 거짓말을 해서 소비자가 사도록 유인한다거나, 어떤 유명 인사가 80세 미만인 사

람은 코로나19에 걸리지 않는다고 온라인에서 말하는 경우를 생각해 보자. 반대로 어떤 허위사실은 해악을 끼칠 개연성이 매우 낮다. 학생이 교실에서 "존 F. 케네디는 사실 미국의 대통령이 아니었다. 실제로는 부통령이었다"라고 발표하는 것과 같은 경우이다.

4. 네 번째이자 마지막 문제는 '해악의 발생 시기'를 다룬다. 이 역시 연속적이지만, 논의의 편의를 위해 그 시기를 ① 즉시 발생한다는 의미에서 임박하다, ② 가까운 미래에 발생한다는 의미에서 임박하다, ③ 가까운 미래는 아니지만 비교적 금방 발생한다, ④ 먼 미래에 발생한다로 나눠 볼 수 있다. 명예훼손이 일으키는 해악은 임박한 것이라고 쉽게 판단할 수 있다. 어떤 청소년이 친구에게 흡연은 사실 건강에 좋다고 주장한다면 그것이 일으키는 해악은 장기적이라고 할 수 있다.

이렇게 다양한 가능성은 굉장히 많은 경우의 수를 만들어 낸다. 정확히는 256가지이다. 우리는 이들을 모두 나타내는 표를 그려서 각각의 경우에 대해 거기에 해당하는 사항에 따라서 헌법적 문제가 어떻게 결정될지, 혹은 결정되어야 할지 살펴볼 수도 있다. 하지만 그건 독자에게 버거울 뿐만 아니라 잔인한 일이 될 테니 그렇게는 하지 않기로 한다. 그 대신 〈표 1〉을 사용하자.

<표 1>

의식 상태	거짓말	경솔함	부주의	합리적
해악의 규모	심각함	중간	경미함	없음
해악의 가능성	확실함	개연성이 있음	개연성이 낮음	개연성이 매우 낮음
해악의 발생 시기	즉시	가까운 미래	비교적 금방	먼 미래

우리가 표현의 자유에 대해 생각한다면 이들 경우의 수가 확실히 중요하다는 점을 한눈에 알 수 있을 것이다. 심각한 해악을 즉시 일으킬 것이 확실한 거짓말쟁이를 다룬다고 생각해 보자. 이 경우 「수정헌법」 1조에 따라 보호돼야 한다는 주장은 설득력이 매우 낮아 보인다. 반대로, 합리적인 실수로 인해 먼 미래에 경미한 해악을 일으킬 개연성이 낮은 발언을 한 사람을 생각해 보자. 그렇다면 「수정헌법」 1조에 따른 보호 주장이 매우 강한 설득력을 가질 것이다. 네 문제 모두 ④인 경우에서 ①인 경우로 이동함에 따라 「수정헌법」 1조에 따른 보호라는 주장은 힘을 잃는다. 앞으로 살펴보겠지만, 현재의 헌법과 법률은 이런 이해를 대체로 반영하고 있다(하지만 어디까지나 '대체로'일 뿐임을 주의하자).

무엇이 중요한가

물론 좀 더 섬세한 논의를 위해서는 네 가지 척도 각각에 대해, 그것이 왜 중요한지 생각해야 한다. 의식 상태가 중요한 이유는 크게 두 가지이다. 첫 번째는 책임의 문제이다. 도덕적 관점에서 보면 거짓말쟁이는 전혀 악의가 없는 사람보다 훨씬 더 나빠 보인다. 경솔하게 허위사실을 퍼뜨리는 사람은 단순히 부주의한 사람보다 더 나쁘다. 특히 거짓말쟁이에 대한 대중적 비난은 3장에서 다루겠다. 지금은 ①에서 ②, ③, ④로 갈수록 도덕적 비난이 약해진다는 점에만 주목하자.

두 번째는 처벌이나 규제가 표현의 자유에 미치는 영향이다. 발언자의 의식 상태에 따라 그 영향은 극적으로 다르다. 국가가 거짓말쟁이를 처벌하는 경우는, 합리적 실수를 범한 사람을 처벌하는 것에 비해 억제효과(deterrent effect)가 덜 심각할 것이다. 합리적인 실수를 범한 사람까지 처벌한다면 많은 사람이 그냥 입을 다물 것이다. 하지만 거짓말쟁이를 처벌한다면, 거짓말쟁이들이 거짓말을 멈출 것이다. 그게 얼마나 나쁜가? 언뜻 보기에 그것은 전혀 나쁘지 않다.

국가가 누군가를 거짓말쟁이로 잘못 판단할 수 있기는 하다. 어떤 거짓말은 해롭지 않다는 점도 맞다. 거짓말쟁이를 처벌하는 것이 진실을 말하는 사람을 위축시킬 수 있다는 지적 역시 옳다. 이런 이유로 우리는 거짓말에 대한 규제가 정당화되려면 어느 정도의 해악이, 즉 최소한 ③ 정도로는 입증돼야 한다고 주장할 수 있다. 하지만 거짓말에서 경솔함으로, 부주의로, 합리적인 실수로 이동할수록, 규제는 표현의 자유에 대해 점점 더 심각한 위협을 가하게 된다.

책임의 문제를 강조할 경우 우리는 난순한 결론에 이르게 된다. 즉, 흔히 말하는 거짓말은 어떤 보호도 받아서는 안 된다. 살펴보겠지만 연방 대법원은 그런 견해를 거부했다. 일반론으로 보면 대법원은 옳았다. 정부가 거짓말을 파악하는 수단은 완벽하지 않다. 정부가 편향을 갖고 있어서, 어떤 특정한 종류의 거짓말만 추적할 수도 있다. 인간은 최소한 어떤 상황에서는 진실에서 이탈할 권리를 갖는다(5장 참조). 따라서 우리는 만일 정부가 거짓말을 규제하고자 한다면 어느 정도의 해악을 증명해야만 한다고 주장할 수 있다. 나는 그런 결론을 여기서 옹호할 것이다. (앞으로 보겠지만, 이는 소셜미디어 플랫폼을 비롯한 민간기관의 책임과도 관련이 있다.)

해악의 규모에 관한 중심 생각은 간단하다. 표현에 대한 억압이나 규제는 가벼운 일이 아니다. 이를 위해서는 거의 항상 상당한 수준의 정당한 이유가 있어야 한다는 뜻이다. 작은 피해로는 충분하지 않다. 법언에 이런 말이 있다. "법은 사소한 일에는 관여하지 않는다(De minimis non curat lex)." 이런 일반적인 명제로는 해결되지 않는 여러 문제가 남는데, 이들에 관해서는 앞으로 적절히 살펴보겠다.

해악의 가능성에 관해서는, 아무에게도 피해가 없을 것 같다면 규제를 할 정당한 이유가 없다고 주장할 수 있다. 해악을 일으킬 가능성이 아주 작다면 정부가 왜 표현을, 설령 허위사실이 더라도 규제해야 하는가? 하지만 이 주장에는 심각한 문제가 있다. 어떤 허위사실이 매우 낮은 확률로, 이를테면 10분의 1로, 매우 중대한 해악, 이를테면 상당한 인명 피해를 일으킬 수 있다고 생각해 보자. 어떤 허위사실이 높은 확률로, 이를테면 10분의 9로, 크지 않은 해악, 이를테면 약간의 금전적 손실을 일으키는 경우보다 앞의 경우가 더 규제의 명분이 부족할까? 중요하게 여겨야 할 것은 해악의 가능성이 아니라 기댓값이다. 나는 이 결론 또한 논증할 것이다.

해악의 발생 시기와 관련해, 규제의 정당성은 '반론' 여부와 긴밀히 연결된 것으로 보인다. 허위사실에 대한 적절한 처방은 침묵의 강요가 아니라 더 많은 표현이라는 시각이 이를 잘 나타낸다.[01] 임박한 해악이 아닐 경우 아마도 사법제도는 검열이나 규제가 아니라 반박과 반론을 활용해야 할 것이다. 하지만 이런 생각에는 허점이 있다. 해악의 발생이 필연적이지만 가까운 시기는 아닌 경우를 생각해 보자. 반론이 정확히 무슨 도움이 될까? 나는 임박한 해악이 있어야만 한다는 주장에 대해 의문을 제기하고자 한다. 그렇지 않아야 할 수도 있다. 하지만 따져 봐야 할 문제가 있다. 만일 해악이 임박한 것이 아니라면, 해악의 가능성이 도대체 있기는 한 것인지 우리는 확신할 수 없다. 공무원들은 그렇게 생각할 수 있지만, 그들이 틀릴 수도 있다. 그들의 예측 능력에는 한계가 있고, 그들의 판단은 일종의 편향으로 왜곡될 수 있다. 해악의 발생 시기를 따지는 것은 실용적인 이유라고 보는 게 합리적이다. 해악이 멀리 떨어져 있다면, 반론이 올바른 처방이라고 생각해야 할 것이다.

수단

허위사실 때문에 해악이 발생할 위험이 있는 경우, 정부는 정도와 수위가 각각 다른 여러 종류의 수단 중에서 선택할 수 있다는 점을 이해하는 게 중요하다. 정부는 허위사실을 퍼뜨리는 사람에게 중지를 명령할 수 있다. 징역형을 부과할 수 있다. 벌금을 부과할 수 있다. 과태료를 매길 수도 있다. 피해자에게 손해배상청구권을 부여할 수도 있다. 신문, 방송국, 소셜미디어 사업체 등에게 사람들이 허위사실을 보게 될 경우 정정 혹은 공지를 제공하도록 요구할 수도 있다. 표시와 경고문을 요구할 수도 있다. 진실을 알려서 누구나 접할 수 있게 만드는 등 자체적인 정정 방안을 만들어 낼 수도 있다. 표현의 자유가 문제가 될 때마다 법원은 표현의 자유를 가장 적게 침해하는 대안을 정부가 선택하도록 요구할 수도 있다. 예를 들어, 금지보다는 공지이다.

소셜미디어 사업체를 비롯한 민간기관들에도 다양한 수단이 있다. 예를 들어 페이스북과 유튜브, 트위터는 특정한 거짓말을 삭제할 수 있다. 아니면 정정 문구를 요구할 수 있다. 각 플랫폼의 알고리즘을 창의적인 방식으로 사용할 수 있다. 허위사실에는 불이익을 줘서 사람들이 거의 접할 수 없도록 하거나, 사용자들에게 정보를 제공해서 누구나 쉽게 무엇이 진실인지 알 수 있게 하는 방법도 가능하다. 이들 대안을 창의적인 방식으로 조합할 수도 있다. 가장 해로운 경우에는 가장 강력하게, 가장 해악이 작은 경우에는 가장 유연한 제한을 적용할 수 있다. 2020년, 트위터는 도널드 트럼프 대통령의 트위트 두 개에 작은 안내문을 덧붙여 엄청난 주목을 받았다. 우편투표에 대규모의 부정이 있었다는 허위 주장을 담은 트위트에 트위터는 "우편투표에 대한 사실을 확인하세요"라는 문구를 노출했다. (트위터에 그럴 권리가 있을까? 나는 그렇다고 생각한다.)

부록에 페이스북, 트위터, 유튜브의 주요 원칙을 실었다. 정부는 이들 원칙 중 일부, 아마도 그중 최선의 대안을 토대로 보완 방안을 검토할 수 있음을 강조하고자 한다. 희망적이고 참신한 대안이 가능하다. 부록에서 볼 수 있듯이 소셜미디어 플랫폼들은 허위사실과 거짓말에 맞서기 위한 창의적인 방안을 도입했다. 어떤 경우에는 이용자들에게 정보 제공을, 어떤 경우에는 교육을, 어떤 경우에는 잘못된 정보(misinformation)의 유포와 파급력을 제한하기 위한 알고리즘을 사용한다. 이런 기법 가운데 하나를 보편적으로 채택, 활용하도록 요구하는 법을 우리는 쉽게 생각해 볼 수 있다. 표현의 자유라는 원칙 아래 정부가 가장 침해가 적은 수단을 사용하도록 강제하는 사법 판결을 생각해 볼 수도 있다. 그리고 당연히, 여기서 강조한 네 가지 척도에 따라 다양한 수단을 조합할 수 있다. 예를 들어 ①인 경우에는 가장 강력한 수단을 사용할 수 있도록 허용하고, ③인 경우에는 가장 약한 수단을 사용하는 것이다.

이들 방안에 관해서는 앞으로 적절히 살펴보겠다. 지금은 가장 큰 문제에 집중하자. 허위사실 규제에 대해 생각할 때마다 가장 중요하게 살펴볼 것은 두 가지이다. 발언자의 의식 상태와 해악의 규모이다. 하지만 지금 나의 주요 목표는 앞서 살펴본 다양한 개념 틀의 적합성을 살펴보고, 합리적인 사람도 이들의 중요성에 관해 서로 다르게 판단할 수 있음을 지적하는 것이다. 이런 판단은 결국 이 한 가지 질문에 대한 답에 달려 있다. 거짓말이 뭐가 나쁜가?

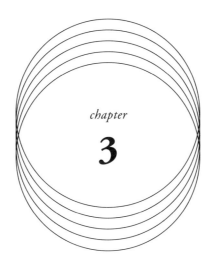

거짓말의
윤리학

몇 년 전 나는 자동차 매장에서 오랜 시간 흥정을 벌인 끝에 도요타 캠리를 구입했다. 그날은 토요일이었다. 밀고 당기기가 끝나 갈 때쯤 딜러가 말했다. "아휴, 오늘은 토요일이라 어차피 많이 팔지도 못할 것 같으니, 손님한테 진짜 싸게 해 드릴게요."이 말에 혹한 나는 들뜬 마음으로 "좋아요!"라고 말할 수밖에 없었다.

한 시간 뒤, 깨끗하고 반짝반짝한, 바로 몰고 나갈 수 있는 캠리가 도착했다. 아까 그 딜러에게 따뜻한 작별 인사를 건네고 나는 활짝 웃으며 말했다. "제가 도움이 돼서 다행이네요. 토요일은 썰렁한 날인데, 이제 실적을 올렸잖아요!" 딜러는 황당하다는 표정이었다. 자신이 뭐라고 말했는지 잊어버린 게 분명한 그는 약간 무시하는 말투로 답했다. "무슨 소리세요? 토요일은 원래 매출이 제일 좋은 날이에요."

약간의 충격을 느낀 뒤(나에게 거짓말을 하다니!), 나는 웃을 수밖에 없었다. 딜러는 자기 일에 능숙했고, 인간의 심리에 대해 뭔가를 알고 있었다. 그가 사기를 친 것은 아니다. 하지만 잘 못된 일을 한 걸까?

나는 그렇다고 생각한다. 엄청난 건 아니지만, 잘못은 잘못 이다. 정책과 법의 문제를 소개하기 위해 나는 여기서 기짓말이 어째서 잘못된 일인지 살펴볼 것이다. 또 특정한 견해를 옹호하 겠지만, 그것이 윤리학에 관한 근본적 문제를 해결해 주지 못한 다는 점도 인정할 것이다.[01] (정책과 법에 특히 관심이 있고, 윤리학에 큰 흥미가 없는 독자라면 건너뛰어도 좋다.)

커다란 문제

허위사실의 문제는 숨이 막힐 정도로 거대하다. 수많은 사람 이, 전혀 다른 이유로, 다양한 시각에 따라 진실하지 않은 발언 을 한다. 어떤 사람은 자동차를 또는 무언가를 팔려고 하고, 그 래서 목표를 이루기 위해 기꺼이 진실을 비튼다. 어떤 사람은 진짜로 거짓말쟁이이다. 진실이 아님을 스스로 알면서도 그것 을 퍼뜨린다는 의미에서 그렇다. 병적인 거짓말쟁이일 수도 있 다. 거짓말을 실제로 **좋아할** 수도 있다. 거짓말은 권력을 행사하 거나 경멸을 드러내는 방법의 하나다. 어떤 사람은 자신의 이해 관계를 고려한다. 자신이 돋보이고 싶어서일 수 있다. 사랑받거 나 호감을 얻거나 존경받고 싶어서일 수도 있다. 일종의 목표가 있을 수도 있다. 선거에서 뽑히고 싶거나 권력을 쟁취하거나 취직을 하거나, 승진을 하고 싶어서일 수 있다. 세계를 구하고 싶어서 그럴 수도 있다. 그들은 목적이 수단을 정당화한다고 생각할 것이다. 거짓말쟁이들에게 만연한 현상이다.

다른 사람들은 자신이 진실을 말하고 있다고 생각하지만 실제로는 틀렸다. 그들은 자신이 진실이면 좋겠다고 생각하는 것을 진짜 진실이라고 믿게 되었을 수도 있다. 그들은 믿고 싶은 대로 생각한다. 즉, 자신에게 유리한 허위사실을 믿는다. 그들은 순진하거나 부주의하거나, 멍청하거나 경솔한지 모르지만, 심각한 해악을 끼칠 수 있다. 또한 다른 사람들은 스스로 진실을 말하고 있다고 생각하지 않을 수도 있다. 사실은 그들도 모른다. 특별히 신경 쓰지도 않는다. 허위사실이 자신의 목표에 도움이 된다면, 그것으로 됐다. 그게 중요한 것이다.

구체적인 논의를 위해 이 문제를 정면으로 짚어 보자. 도널드 트럼프 대통령은 거짓말쟁이이다. 우리가 표현의 자유를 인정한다면, 트럼프 대통령과 그의 지지자들, 반대자들이 하는 거짓말도 보호해야 할까? 정치에서는 의도적인 허위사실도 용인해야 할까? 그것이 자유의 대가일까?

이런 물음에 답하기 위해서는 다음과 같은 사실을 인정하는 것이 중요하다. 거짓말은 과장과 다르며, 허위사실은 인간의 삶에서 피할 수 없다는 점이다. 우리 모두는 사실이 아닌 생각을 할 때가 있고, 그 생각이 사실이 아닐 때조차 우리가 생각하는 것을 말한다. 그것이 범죄여야 할까? 분명 아니다. 사람은 자신의 실수로부터 배우며, 다른 사람의 실수를 통해서도 배운다.

물리학에서부터 경제학, 심리학, 그리고 일상생활에 이르기까지 다양한 영역에서 가장 생산적인 논의는 대부분 진실에 점점 더 가까워지는 과정으로 이뤄진다. 무엇이 진실인지 알아내기 위해, 우리는 아마도 수많은 허위사실을 들어야 할 것이다.

예를 들어, 사회과학(특히 심리학)에서 '재현성 위기(replication crisis)'라고 일컫는 문제를 살펴보자. 학자가 어떤 연구 결과를 공개한다. 가령 사람들은 '늙은'이라는 단어를 들은 뒤 더 느리게 걷는다, 아니면 사람들은 사탕이 녹색 포장지보다 갈색 포장지에 싸여 있을 때 더 많이 먹는다는 연구라고 하자. 하지만 그 연구 결과는 재현되지 않는 것으로 드러난다. 원래의 연구가 다른 실험으로 뒷받침되지 않는다는 뜻이다. 연구자가 자료를 조작했을 수도 있다. 어떤 오류를 저질렀을 수도 있다. 경솔하거나 부주의했을 수도 있다. 순수하게 실수한 것일 수도 있다. 너무 적거나 독특한 사람들을 연구 대상으로 삼았을 수도 있다. 어떤 경우이든 확실한 건, 해당 연구의 결론은 쓰레기라는 거다. 그런 연구 결과는 쓸 수 없다. 연구자들이 거짓말을 한 것일까? 그럴 수도 있다. 하지만 아니더라도 그가 공개한 연구 결과는 중요한 의미에서, 허위사실이다.

'재현성 위기'라는 개념은 널리 알려졌지만, 여기서 '위기'라는 단어를 다시 생각해 보자. 팬데믹은 위기이다. 그러나 나쁘거나 잘못된 연구를 딱히 그런 의미의 위기라고 할 수는 없다. 그렇기는 해도 우리는 속임수와 실수에 관해 이야기하고 있으며, 둘 다 사람들이 진실이라고 믿는 바에 커다란 영향을 미칠 수 있다. 사기는 심각하게 나쁜 행동이다. 학문 연구뿐 아니라 다른 경우에도 그렇다. 무능은 좋지 않다. 선의인 경우라도 그렇다.

최악의 경우는 잠시 미뤄 두자. 만일 어떤 연구 결과가 재현되지 않는다면, 과학은 진보한다. 우리는 그 사실에서도 배운다. 혹은 연구를 통해 명백하게 일반적인 어떤 현상이 드러날 수 있다. 가령 사람들은 비현실적으로 낙관적이라고 해 보자. 이 진술은 딱히 진실이 아닌 것으로 확인될 수도 있고, 심지어 특정한 경우에 관한 단서를 달지 않는 한 거짓이라고 밝혀질 수도 있다. (테러 공격이 있은 뒤라면 사람들은 비현실적으로 낙관적이지 않을 것이다.) 우리가 이것을 깨닫는다면, 그 전보다 더 많은 것을 알게 된다. 과학이 작동하는 방식은 이렇다. 그리고 과학 바깥에서 사람들은 매일 참이 아닌 진술을 그 상태로 드러내거나, 다양한 방식으로 보완하여 발전을 이룬다. 따라서 우리는 그런 진술을 너무 엄격하게 대해서는 안 된다. 그것은 수없이 많이 나타날 것이고, 또한 필요하기도 하다.

하지만 거짓말은 순수한 실수보다 훨씬 더 나쁘다. 거짓말의 수를 0으로 줄일 수 있는 아주 강력한 사회규범을 기대해야 할까? 최악의 거짓말을 범죄로 규정해서 형사처벌을 받게 해야 할까? 그게 너무 가혹하다고 생각하면 민사적 제재, 과태료를 부과하거나 거짓말을 한 사람에 대한 손해배상청구권을 부여해야 할까? 이들 질문 모두에 대한 최선의 답은 '아니요'이다. 너무 간단한 답이지만, 대체로 옳다. 그 이유는 통상 말하는 거짓말에는 수많은 종류와 정도가 있고, 어떤 거짓말은 도덕적으로 비난하기 어렵기 때문이다. 어떤 거짓말은 도덕적 의무이기도 하다.

첫 번째 어려움은 '거짓말'이라는 단어의 정의가 너무 많이 존재한다는 데 있다. 많은 노력 끝에 정제된 표준적인 정의에 따르면, "거짓말이란 그것을 믿지 않는 사람이 다른 사람에게 그것을 믿게 만들 의도로 행한 진술"이다.[02] 다른 정의로 거짓말이란 "발언자 자신은 믿지 않는 주장을, 그럼에도 의도적으로, 객관적으로 해석했을 때 발언자가 해당 주장을 믿고 있으며 듣는 사람이 진실이라고 받아들일 것으로 기대하는 맥락에서 주장하는 것"이다.[03]

이 정의들은 구체적이어서 유용하다. 무엇보다도 이런 정의는 여러 가지 인지적, 정서적 문제로 자신이 말하는 것을 진지하게 믿는 사람들이 말하는 허위 진술을 포함하지 않는다. 작화증 환자(confabulator)를 생각해 보자. 이들은 기억장애가 있어서 기억의 공백을 허위사실로 메우지만, 그것이 허위라는 것을 모른다. 동기부여된 추론(motivated reasoning) 때문에 자신이 말하는 것을 믿는 사람들도 이런 구체적인 정의에서는 배제된다. 그런 사람들은 허위사실을 퍼트리겠지만, 자신이 퍼트리고 있는 게 허위라는 점을 모른다면 그들이 '거짓말한다'고 규정하는 것은 적절하지 않아 보인다.

거짓말을 이렇게 구체적으로 정의하더라도, 도덕적 관점에서 볼 때 거짓말은 항상 나쁘다는 견해를 정당화하기는 쉽지 않다. 주목할 만한 반례(反例)가 많이 있다. 윤리적 문제를 따져 보기 위해서는 몇 가지 근본적인 질문을 검토할 필요가 있다.

피해

세 가지 거짓말을 생각해 보자. ① 존 존스는 실제로는 9월 20일에 태어났으면서 자신이 9월 21일에 태어났다고 거짓말한다. ② 톰 윌슨은 사실은 커피보다 차를 더 좋아하지만 차보다 커피를 더 좋아한다고 거짓말한다. ③ 메리 히긴스는 자신의 첫 차가 실제로는 혼다 어코드인데 도요타 캠리였다고 거짓말한다.

이런 거짓말은 모두 해로울 게 없어 보인다. 이것들은 거짓말이므로, 그 말을 한 누군가에 관한 어떤 불편한 사실을 반영하는 것으로 보이기는 한다. 진실을 알게 된 뒤 존스나 윌슨, 히긴스와 대화하던 사람은 당황하거나, 믿음을 잃거나, 그보다 더한 상태가 될 수도 있다. 하지만 우리가 약간의 창의성을 발휘하거나 특정한 맥락을 추가하지 않는 한,[04] 이런 거짓말은 피해를 일으키지 않는다.

이와 반대로, 많은 거짓말이 나쁜 이유는 대부분 그런 거짓말이 일으키거나 일으킬 수 있는 피해 때문이다. 어떤 거짓말은 다른 사람의 자유나 재산, 가장 심각한 경우에는 생명까지도 '박탈하는' 행위로 충분히 인정될 수 있다. 명예훼손을 생각해 보자. 누군가 끔찍한 범죄(가령 살인이나 강간, 폭행)를 저질렀다고 허위로 보도하거나, 공직 후보자에게 부패나 약물남용 혐의가 있다고 허위로 비난하거나, 아니면 어떤 사람이 심각한 인종차별, 성차별 행위를 저질렀다는 허위 주장을 한다고 해 보자. 보통법하에서 사람은 자신의 평판에 대한 재산적 이익을 가지며, 명예훼손은 그 이익을 침해한다. 또한 명예는 자유의 한 측면으로 쉽게 취급할 수 있다는 점도 우리는 여러 면에서 보아 왔다. ['취소 문화(cancel culture)'는 공인이 저지른 것으로 추정되는 나쁜 행동에 대응하여 그들을 욕하는 것을 뜻한다. 이제 많은 사람이 거짓말 때문에 '취소'의 대상이 되고 있으며, 그중 일부는 명예훼손에 해당한다.]

넓은 의미에서는 허위광고도 비슷한 경우로 볼 수 있다. 자동차 회사가 자사 차량의 연비를 속인다면 사실상 소비자의 돈을 빼앗는 것이다. 최소한 그 거짓말로 인한 소비자의 손해만큼은 말이다. 자사 제품에 대한 거짓말을 통해 투자를 유치하는 회사, 아니면 자신의 장래나 과거에 관한 거짓말로 유권자를 끌어들이는 정치인에 대해서도 똑같이 말할 수 있다. 어떤 사람이 폭행 사건을 저질렀다고 경찰에 허위신고를 한다면, 그 피해는 범죄자라고 허위로 지목된 사람뿐 아니라 형사 사법제도에도 미치게 된다. 많은 거짓말이 잘못된 이유는 대부분 이런 종류의 구체적인 피해 때문이다. 거짓말은 그런 피해를 일으키는 도구이다. 특히 끔찍한 도구라고 할 수 있는바, 거짓말은 원래 그런 것이다.

이 장에서 나의 주된 관심은 다른 곳에 있다.[05] 보통 흔히 말하는 거짓말은 무엇을 위반하는 것인가? 거짓말이 거짓말이기 때문에 일으키는 피해에는 어떤 것이 있는가? 어떤 학생이 사실은 아무 문제 없이 건강한데도, 선생님에게 아파서 결석했다고 거짓말하는 경우를 생각해 보자. 아니면 변호사가 의뢰인에게, 사실은 승소 확률이 아주 낮다고 생각하면서도 자신이 이길 가능성이 매우 크다고 거짓말한다고 해 보자. 또는 십 대 청소년이 부모님에게, 친구와 밤새 숙제를 했다고 얘기하지만 사실은 파티에 갔다고 해 보자. 대다수 사람은 이런 종류의 거짓말이 대체로 나쁘다는 데 동의할 것이다. 이 거짓말이 일으킬, 혹은 일으킬 수 있는 피해와 관련 없이 말이다.

또 대다수 사람은 어떤 거짓말은 납득할 수 있고, 심지어 필수적이라는 데도 동의할 것이다. (주의: 모든 사람이 아니라 대다수이다.)[06] 이런 합의는 정치나 보건 분야에서의 거짓말을 다루는 데 큰 의미를 갖는다. 거짓말과 허위사실을 법으로 규제해야 하는가, 그렇다면 언제인가라는 물음에 대해서도 그렇다. 다음 명제를 생각해 보자. ① 무장 강도가 문 앞에 와서 어디다 돈을 놔뒀냐고 묻는다면, 당신은 거짓말할 권리가 있다. ② 테러리스트가 스파이를 붙잡아서 중요한 비밀을 자백하라고 요구한다면, 그 스파이는 진실을 말할 어떤 의무도 없다. ③ 자녀들에게 크리스마스 전날 밤에 산타클로스가 온다고 말하는 것은 전혀 나쁜 일이 아니다. ④ 남편이 특별히 멋져 보이지 않더라도 당신이 배우자의 외모를 칭찬한다면, 그것을 어떤 윤리적 제약을 넘어선 것이라고 하기엔 너무 가혹한 일일 것이다. ⑤ 당신이 사랑하는 누군가(이를테면 아버지)가 위독한 상태이고, 그가 좀 더 편한 마음으로 지내고 희망을 유지하길 바라는 마음에서 그게 얼마나 심각한 병인지에 대해 거짓말을 한다면, 논란의 여지는 있지만 그래도 부도덕한 행동이라고 할 수는 없을 것이다. (빌 클린턴이 모니카 르윈스키와의 관계에 관해 거짓말한 것은 잘못일까? 나는 그렇다고 생각하지만, 모두가 동의하지는 않는다.)[07]

이들 사례는 각각 다른 범주에 속한다. 가장 넓은 의미로는, '하얀 거짓말'은 일반적으로 그럴 수 있는 일로 여겨지고, 많은 거짓말은 하얀 거짓말로 간주할 수 있다.[08] 우리는 다른 사람의 감정이 상하지 않게 하려고 거짓말을 하며, 이것을 비판하기는 어려울 것이다. 그것은 친절이나 시혜, 나아가 축복의 행위일 수도 있다. (페이스북에도 하얀 거짓말이 많다. "좋아요!") 심각한 위험에 처한 상황에서는 자기 자신과 사랑하는(또는 그냥 좋아하는, 혹은 안전하게 지키고 싶은) 사람들을 보호하기 위해 거짓말할 권리가 있다. 거짓말은 정당한 자기방어의 일종이 될 수 있다. 폭력이나 강압과 마찬가지로, 거짓말은 심각한 위험에서 벗어나기 위해 허용되는 방식일 수 있다. 다른 사람이 좋은 성과를 내도록 돕는 데 필요하다고 생각해서 거짓말을 할 수도 있다. 테니스 코치는 사실이 아니라고 생각하면서도 이렇게 말할 수 있다. "넌 분명히 할 수 있어!" 상대 선수가 전혀 지쳐 보이지 않지만 "쟤는 지쳐 보인다"라고 덧붙일 수도 있겠다.

정리하자면, 대다수 사람은 거짓말이 일반적으로 나쁘다는 데 동의하지만 특정 상황에서 거짓말은 용납될 수 있고, 심지어는 의무적이기도 하다. 하지만 도덕의 문제가 되면 광범위한 결정적 합의를 이루기는 어렵다. 거짓말, 거짓말하는 행위에 관한 기존의 윤리적 직관을 옹호할 수 있는지 알아보기 위해, 우리는 윤리적 판단을 위한 적절한 토대를 생각해 봐야 한다.[09] 여기서는 주목할 만한 두 가지 전통에 초점을 맞추겠다. 그것은 이들의 영향력이 크고 논의가 포괄적이기 때문이지만, 이와 다른 접근법도 있다는 점을 밝혀 둔다.

공리주의

많은 사람은 공리주의자이다. 그들은 사회적 효용의 극대화를 원한다.[10] 공리주의 관점에서 보면 거짓말에 반대할 특별한 이유가 없어 보인다. 모든 것은 그 결과에 따라 평가된다. 실제로 공리주의의 창시자 제러미 벤담(Jeremy Bentham)은 이런 결론을 내렸다. "허위사실 자체는 다른 현실적 상황을 동반하지 않는다고 가정할 경우, 효용의 원칙에 따르면 전혀 아무런 잘못이 될 수 없다."[11] 마찬가지로 공리주의자인 헨리 시지윅(Henry Sidgwick)도 비슷하게 말했다.[12]

하지만 어떤 경우든 호의적인 거짓말의 합법성을 인정하려 한다면, 그것이 언제 얼마나 허용되는지 결정하는 방법으로 내가 떠

올릴 수 있는 유일한 방안은 결과적으로 이로운지를 따져 보는 것뿐이다. 즉, 특정한 거짓말의 이익과, 진실을 해침으로써 모든 관련자들이 입게 될 상호 신뢰의 상실 중 어느 것이 더 큰지 비교하는 것이다.

마르틴 루터(Martin Luther)는 공리주의자가 아니었지만, 이런 물음을 보면 강한 공리주의적 성향이 나타난다. "사람이 선을 위해, 그리스도의 교회를 위해 강력하고 선한 거짓말을 한다면 그것이 어떤 해를 입히겠는가? (……) 필요에 따른 거짓말, 유용한 거짓말, 도움이 되는 거짓말, 그런 거짓말은 하나님을 거스르는 게 아니다. 하나님도 그것은 용납하실 것이다."[13] 그렇다고 공리주의자가 거짓말을 얼마든지 용인한다는 뜻은 아니다. 사실은 정반대로, 그렇지 않다. 많은 도덕적 제약은 공리주의적 입장에서 쉽게 정당화할 수 있다. 배려하라, 다른 사람의 재산을 존중하라, 법을 지키라, 혹은 (2020년의 가장 중요한 사례로) 팬데믹 때는 마스크를 쓰라.[14] 공리주의적 시각에서 볼 때 거짓말에 대한 강한 윤리적 금기의 존재는 거의 확실히 좋은 일이다. 거짓말은 대체로 상당한 해악을 일으키기 때문이다. 그 금기는 우리에게 서로 이익이 되도록 작용한다. 어떤 사람이 거짓말을 해도 된다고 생각하면 다른 사람도 그렇게 한다. 거짓말은 협동 작업을 파탄 낼 수 있다. 의사소통 작업 자체를 파탄 낼 수도 있다. 가장 근본적으로, 거짓말쟁이는 신뢰를 파괴한다. 신뢰가 파괴되면 사람들이 관계를 형성하고 유지하기 어려워질 것이다. 시셀라 보크(Sissela Bok)는 이렇게 설명한다.

> 사회 구성원이 진실한 메시지와 거짓된 메시지를 구별할 수 없
> 게 된 사회는 붕괴할 것이다. (……) 식량과 피난처를 찾는 것도
> 다른 사람에게는 기대할 수 없게 된다. 우물에 독이 있다는 경고
> 나 사고를 당해 도와 달라는 요청은 별도의 확인이 없다면 무시
> 될 것이다.[15]

가정이나 직장에서 사소해 보이는 거짓말도 악영향을 줄 수
있다. 그런 거짓말은 이어지는 상호작용을 손상시키고, 이런 질
문을 끊임없이 낳는다. **지금 들은 말을 믿어도 되나?** 거짓말쟁이
는 이런 질문이 필요하게 만든다. (앞으로 보겠지만 이 점은 표
현의 자유 문제와도 관련이 있는데, 신뢰의 파괴는 대체로 그
자체로는 표현을 처벌하는 이유로 충분하지 않다.)

가정에서 거짓말은 심각한 해악을 일으킬 수 있으며, 장기적
으로도 물론이다. 부모와 자녀에게 일반적으로 거짓말을 막는
강한 규범이 있을 때 유익하다. 부인이 남편의 말을 믿지 못한
다면 아마 관계가 무너질 것이고, 반대인 경우도 마찬가지일 것
이다. 시장에서 판매자가 거짓말을 한다면 손해를 볼 것이다.
사람들이 그들에게서 물건을 사지 않을 것이기 때문이다. 의사
는 신뢰를 받아야 하고, 그가 환자에게 거짓말을 한다면 좋은
의사가 될 수 없을 것이다. 신뢰를 잃기 때문이다. 노동자에게
거짓말하는 사업주는 사업을 오래 지속하지 못할 것이다. 이런

이유로, 거짓말을 막는 규범은 공리주의적 입장에서 분명히 옹호할 수 있다.

가장 흥미롭고도 복잡한 거짓말쟁이는 온정적인 경우이다. 그들은 자신이 볼 때 당사자에게 유익하다고 생각하는 일을 그 사람이 하게 만들려고 한다. 사업주가 직원에게, 의사가 환자에게, 나아가 정치인이 유권자에게 거짓말을 한다면 이런 경우일 수 있다. 온정적 거짓말쟁이는 친절한 것일 수 있다. 진심으로 돕고 싶어서일 수도 있다. 하지만 어떤 사람이 온정적으로 거짓말을 한다면, 그런 거짓말을 거부하는 공리주의 특유의 논법이 있으니, 다음과 같은 형태이다. 일반원칙으로, 우리는 자신에게 최선인 것이 무엇인지는 선택하는 사람 스스로가 안다고 강조한다(최소한 성인이고, 치매 등으로 문제를 겪고 있지 않다면). 자신의 처지, 한계, 가치, 취향에 대해서는 자기 자신만이 알 수 있다. 누군가 그에게 거짓말을 한다면, 선택의 당사자는 스스로 결정할 수 있는 (완전한) 능력을 박탈당하게 된다. 모든 변수를 비교할 수 있는 공정하거나 적절한 기회가 부여되지 않았다는 이유만으로도 그렇다. 다른 사람이 더 나은 선택을 하도록 도와주고 싶다면, 거짓말을 할 게 아니라 선택하는 사람 스스로 그런 비교를 행할 수 있도록 정보를 제공해야 한다.

이런 입장에서 볼 때 온정적 거짓말쟁이의 심각한 문제는 그들에게 적절한 지식이 없다는 점이다. 선택하는 사람의 상황, 취향, 가치에 대해서 말이다. 그런 지식이 없으면서도 그들은 선택의 당사자가 자신에게 무엇이 최선인지 스스로 결정을 내리는 과정을 왜곡한다. 만일 거짓말쟁이가 선택의 당사자가 아닌 자기 자신의 이익에 초점을 맞춘다면 문제는 더 심각해진다. 이런 의미에서 자신의 이익을 위하는 거짓말쟁이는 다른 사람의 것을 훔친다고 말할 수 있다. 다른 사람의 행위자성을 제약하고 그들의 자원을 자신이 선호하는 방향으로 움직이기 때문이다. 온정적 거짓말쟁이가 그런 의도로 행동하는 것은 아니지만, 스스로 자신이 제일 잘 안다고 생각하고, 그것은 틀렸을 때가 많다.

이런 이유로, 온정적 거짓말에 대해 공리주의적 입장에서 반대하는 근거는 존 스튜어트 밀(John Stuart Mill)의 해악의 원칙(Harm Principle)에 내포된 우려와 같다.[16] 밀은 개인이 "자기 자신의 안녕에 가장 큰 관심을 가진 사람"이며 "일반적인 사람이 자신의 안녕에 관해 알 수 있는 수단은 다른 어느 누가 가진 것과도 비교할 수 없을 정도로 많다"라고 주장한다. 사회가 개인의 판단을 잘못된 것으로 치부할 때는 "일반적 가정"을 기초로 하며, 그것은 "완전히 틀릴 수 있고, 설령 맞다고 하더라도 개별적 사례에는 잘못 적용될 수도 있다". 개인이 잘 살도록 하는 것이 목표라면, 가장 좋은 해법은 정부(그리고 다른 사람들)가 사람들에게 각자의 길을 스스로 찾을 수 있도록 해 주는 것이라고 밀은 결론짓는다. 같은 맥락에서 프리드리히 하이에크(Friedrich Hayek)의 주장도 주목할 만하다. "타인[선택하는 사람]이 알고 있는 대부분의 것에 대해 우리는 무지함을 벗어날 수 없다는 자각이야말로 **자유를 주장하는 핵심 근거**이다."[17]

이런 지적은 강압적 수단을 사용한 사람 못지않게 거짓말쟁이에게도 해당된다. 그것은 한마디로, 만일 다른 사람이 실수를 할 것 같다고 생각한다면 당신은 왜 그렇게 생각하는지 설명해 줘야 한다는 것이다. 선택을 하는 사람에게 그들이 왜 틀렸는지를 설명해 줘야 한다. 알려 줘야 한다. 거짓말을 하면 안 된다. 공리주의적 입장에서는, 만일 당신이 생각하기에 그들에게 이익이 되는 일을 하도록 만들기 위해 그들에게 거짓말을 한다면, 당신은 정말로 중요한 점을 놓치는 것이다. 자기 자신의 삶을 살아가는 데, 선택의 당사자는 대체로 다른 사람보다 더 잘 알고 있으며, 아마도 거짓말쟁이보다는 더욱 잘 알 것이다.[18]

그럼에도, 온정적인 것이든 아니든 거짓말을 억누르는 규범은 공리주의적 입장에서 무력화될 수 있다.[19] 그런 입장에서 어떤 경우 거짓말은 실제로 **의무적**이기도 하다. 그런 거짓말은 해로운 점보다 이로운 점이 많기 때문이다. 공리주의자라면 총을 가진 사람에게 그가 죽이려는 사람을 어떻게 찾을 수 있는지 알려 주는 것은 도덕적 의무가 아니다. 만일 사람의 생명을 구하는 것이 목적이라면, 거짓말을 하는 것은 충분히 도덕적 의무일 수도 있다.

다른 많은 경우 공리주의자는 거짓말이 금지돼야 하는지 분명히 알 수 없으며, 결정을 위해서는 맥락을 좀 더 많이 알아야 할 것이다. 의사의 이야기로 돌아가 보자. 그는 근거가 부족하더라도 희망을 갖게 해 주는 것이 환자에게 이익이라고 믿고, 환자의 상태에 대해 진실을 말해 주지 않는다. 이런 경우 공리주의적 평가는 단순하지 않을 것이다. 우리는 의사에게 어떤 거짓말이 허용되는지 토론할 수 있겠지만, 어떤 경우에는 속이는 것이 정당할 수도 있다. 아니면 교사나 코치가 학생의 자신감을 북돋거나 성과를 더 높이기 위해 진실을 왜곡, 즉 거짓말을 한다고 해 보자. 우리는 공리주의자로서는 정당화하기 어렵다고 할 만한 사례, 그리고 공리주의자가 거짓말에 불편함을 느끼지 않을 만한 사례 또한 생각해 볼 수 있다. 적절한 결론은 이렇게 될 것이다. 공리주의자는 거짓말을 인정하지 않을 강한 근거가 있으며, 거짓말을 막기 위한 규칙과 전제를 만들어 낼 수 있지만, 각각의 사례마다 별도의 판단이 필요한 경우도 많다.

　많은 공리주의자는 '행위 공리주의자'가 아니라 '규칙 공리주의자'이다. 그들은 개별 사례마다 각각의 결과가 공리주의적 입장에서 정당한지 여부를 판단할 필요가 없게 만들어 주는 분명한 규칙이 있다면 환영해야 한다고 생각한다. 음주 연령을 생각해 보자. 이상적으로는 특정 청소년이 술을 마실 수 있는지 일일이 판단하는 것이 가장 좋을 것이다. 하지만 이렇게 되면 비용이 너무 많이 드는 데다 일관성도 없을 테니, 규칙을 만드는 게 훨씬 나은 것으로 보인다. 우리가 만일 규칙 공리주의를 따른다면, 아마도 이런 잠재적 비용과 판단의 오류 때문에 거짓말이 정당한지 개별 사례마다 판단하는 것을 피하려고 할 것이다. 거짓말을 하려는 사람이 이런 판단을 내린다면 더욱 그렇다. 그들은 다른 사람을 속여서 얻는 이익은 과대평가하고 비용은 과소평가해서, 쉽게 말해 평가를 조작할 것이기 때문이다. 앞서 말했듯이, 동기부여된 추론은 충분히 그런 방향으로 그들을 이끌 수 있다. 한 가지 확실한 것은, 공리주의적 관점에서 옹호할 수 있는, 거짓말을 금지하는 **보편적** 규칙은 불가능하다는 것이다. 더 좁은 범위의 구체적인 규칙, 이를테면 직장에서 거짓말하지 말라, 또는 의사나 배우자에게 거짓말하지 말라 등이 언제 정당화될 수 있는지의 여부는 추상적인 상황에서는 답변이 불가능하다.

칸트주의

많은 사람은 공리주의자가 아니다. 이들은 사람이란 존중받아야 하며, 수단이 아닌 목적으로 대우받아야 한다고 생각한다. [칸트(Kant)의 말을 인용하자면, "인간을 대할 때에는, 당신 자신이든지 다른 사람이든지 간에 항상 목적으로 삼아 행동해야 하며, 결코 단순한 수단으로만 삼아서는 안 된다".][20] 칸트주의자가 생각하기에 거짓말이 나쁜 이유는 이익보다 더 큰 해악을 초래하기 때문이 아니다. 거짓말은 다른 사람을 존중하지 않고, 나아가 멸시하는 행위이기 때문이다. 또한 칸트주의자는 거짓말에 관한 도덕적 금지는 절대적이라고, 아니면 적어도 절대적 금지에 가깝다고 생각할 것이다. 성 아우구스티누스는 이렇게 적었다. "우리는 죄가 아닌 거짓말이 하나라도 있다고는 생각할 수 없다."[21] 칸트 자신도 비슷하게 생각했다. "진술의 진실성은 피할 수 없는 것이며 모든 사람에 대한 인간의 공식적 의무이다. 그로 인해 자신이나 다른 사람이 아무리 큰 불이익을 입는다고 해도 그러하다."[22] 칸트는 이렇게 설명했다. "거짓말을 통해 인간은 자신의 인간으로서의 존엄성을 포기, 말하자면 절멸시키는 것이다."[23]

오늘날의 칸트주의자들은 거짓말의 문제점은 그것이 거짓말을 듣는 사람의 행위자성을 부정하는 것이라고 생각한다.[24] 크리스틴 코스가드(Christine Korsgaard)가 설명했듯이, "거짓말이 잘못인 이유는 그것이 거짓말을 듣는 사람의 자율성을 침해하기 때문이다".[25] 실제로 거짓말을 경험한 사람은 극도로 부정적인 반응, 무시당했다는 기분을 경험하게 된다. 그런 기분은 사람이 겪는 피해에서 큰 부분을 차지한다. 그것은 대체로 교활하거나 이기적인 거짓말에 해당하겠지만, 온정적 거짓말에도 그럴 수 있다. 코스가드의 말을 보자. "그것은 나 자신의 유익에 관련된 것이고, 나에게는 무엇이 나에게 좋은지 결정할 특권이 있기 때문에, 온정적 거짓말은 어떤 의미에서는 다른 거짓말보다 더 나쁘다."[26]

칸트주의적 반대를 이해하기 위해 예를 들어 보자. 당신의 고용주가 당신에게 매우 늦게까지 야근을 시키기 위해 거짓말을 한다. 정말 가기 싫은 저녁 파티에 가게 만들기 위해 배우자가 당신에게 거짓말을 한다. 선생님이 자신의 개인적 프로젝트를 돕는 데 당신이 몇 시간씩 쏟도록 하기 위해 거짓말을 한다. 거짓말은 다른 사람을 조종하는 것과 쌍둥이, 아니면 조종의 한 형태라고도 할 수 있고,[27] 칸트주의자에게나 공리주의자에게나 마찬가지로, 그것은 강압과 가까운 친척이다. 강압이 그렇듯, 거짓말은 그 대상의 행위자성을 빼앗으며, 그를 다른 사람의 의지에 복종시킨다. 그리고 만일 거짓말이 나쁜 이유가 다른 사람을 무시하고 단순한 수단으로 삼기 때문이라면, 윤리적 금지는 거의 절대적인 것으로, 아니면 적어도 매우 강한 것으로 여겨야할 것이다. 심지어 거짓말은 폭력의 한 형태로 볼 수도 있다. 물리력이 그렇듯, 거짓말은 사람이 스스로 결정할 수 있는 능력을 박탈한다. 온라인에서든 실생활에서든, 거짓말과 거짓말쟁이에 대해 우리가 느끼는 반응은 이런 방식으로 가장 잘 설명할수 있다.

경험적 작업도 이 결론을 지지한다. 예를 들어 경제학자 유리 그니지(Uri Gneezy)는 실험 결과, 사람들은 거짓말을 통해 자신이 얻는 이익에만 초점을 맞추지 않고, 거짓말이 다른 사람에게 일으킬 수 있는 피해에 대해서도 주의한다는 점을 파악했다.[28] 다양한 실험에서 그는 평균적인 사람이라면 거짓말이 자신에게 약간의 이익을 주지만 다른 사람에게 큰 피해를 입힐 경우 거짓말을 하지 않는 것을 발견했다. 바꿔 말하자면, 사람들이 오직 이 질문, '거짓말로 내가 이익을 얻을 수 있나?'에만 관심을 갖지 않도록 사람들을 이끄는, 거짓말에 관한 도덕적 금기가 있다는 것이다. 내가 이익을 얻더라도 다른 사람이 그보다 더 큰 손해를 본다면 사람들은 거짓말하지 않는다. 이런 효과가 나타나는 데에는, 최소한 타인에게 피해를 주는 경우라면 거짓말은 부도덕하다는 암묵적 판단이 있는 것으로 보인다. 순전히 이기적인 거짓말은 도덕적 잘못이다.

거짓말이 다른 사람을 존중하지 않으며 타인의 자율성을 침해하는 것이라도, 우리는 몇 가지를 구분할 수 있다. 거짓말을 (절대로) 금지하는 강한 전제를 인정한다고 해도, 칸트와 반대로, 그 영향이 너무 적거나 너무 크다면 이런 전제는 넘어설 수 있다고 주장할 수 있다. 어떤 거짓말은 너무 작고 사소해서 도덕적 잘못을 범했다고 지적하는 것이 과도할 수 있다.[29] 총을 든 도둑에게 거짓말하는 것은 그를 존중하지 않는 것이겠지만, 도둑은 우리의 존중을 받을 권리를 상실했다고 봐야 할 것이다.[30] 코스가드가 말한바, "우리는 물리력의 온정적 사용이 때로는 정당하다고 생각"하며, 마찬가지로 "정당한 온정적 거짓말 같은 것도 존재한다고 생각한다".[31] 어떤 거짓말은 다른 거짓말보다 더욱 타인을 존중하지 않는 것이라고 생각할 수 있다. 하얀 거짓말을 인정할 수 있다면, 그것은 무례한 것이 아니기 때문이며 (친절해서 그럴 수 있다), 용인할 수 있는, 나아가 환영할 만한 삶의 일부분이기 때문이다. 아마 거짓말을 당하는 사람도, 만일 그것이 (이를테면) 자신감이나 희망의 대가라고 한다면, 거짓을 듣는 데 동의할 것이다.

전적으로 진실만을 말하는 세계는 꽤나 고통스러운 곳이 될 것임을 누구도 의심하지 않을 것이다. 이 말이 맞다면, 거짓말에 대한 전반적인 금지는 인류에게 적합하지 않아 보인다. 공리주의적 관점에서 그런 금기는 도덕적으로 납득할 수 없고, 많은 칸트주의자는 각자의 이유에 따라 동의할 것이다.

정치적 거짓말(여기서는 매우 간략히)

이런 맥락에서 정치적 거짓말을 살펴보자. 현직 또는 유력 차기 지도자들이 시민들에게 거짓말을 한다면, 그들은 시민을 무시하는 것이다. 그들은 시민주권이라는 민주주의의 핵심 전제를 부정한다. 거짓말하는 정치인은 총이나 창을 동원하는 것은 아니지만, 도덕적으로 볼 때, 중요한 의미에서 그와 동일한 수단을 사용하는 셈이다. 그들은 시민을 단지 자신이 마음대로 쓸 수 있는 도구로 간주하고 행동한다.

공리주의적 관점에서는 반대 입장이 조금 더 복잡해지지만 더 약하지는 않다. 정치인이 거짓말을 한다면 그들은 일종의 민주주의적 혼란을 초래한다. 지도자가 자신에게 거짓말을 했다는 사실을 알게 되면 많은 시민이 분노를 느낄 것이다. 얼마 지나면 시민들은 무관심해질 것이다. 정치 혐오에 빠질 것이다. 어떤 경우든 거짓말하는 지도자는 시민이 누구를 믿어야 할지 알기 어렵거나 불가능하게 만들어서 민주적 절차를 무력하게 만든다. 그들은 자치라는 개념 자체를 불신에 빠뜨린다. 모든 것은 의심의 대상이 된다. 이에 따른 상황을 18세기 철학자 프랜시스 허치슨(Frances Hutcheson)은 이렇게 예상했다. "인간이 진실할 의무가 없다고 생각하고 그에 따라 행동한다고 가정해 보자. (……) 인간은 오직 거래를 할 때만 말을 할 것이며, 이 또한 곧 모든 상호 신뢰를 잃게 될 것이다."[32]

직관으로서의 금기

일반적으로, 그리고 거짓말과 관련해서 공리주의와 칸트주의 접근 중 하나를 선택하는 것은 굉장히 다양한 문제를 제기한다. 나는 여기서 입장을 간략히 정리하면서 결론을 제시하는 것으로 갈음하고자 한다.

내 생각에 공리주의적 입장은 옳다. 거짓말에 관한 도덕적 금기는 그 결과에 근거해 옹호돼야 한다. 거짓말의 결과는 대체로 매우 나쁘다. 그런 나쁜 결과 중에는 무시당하고 존중받지 못했다는 느낌이나 인식이 있다. 비록 칸트가 거짓말을 금지하는 철학적 토대를 포착하지는 않았지만, 그 역시도 거짓말을 당하는 사람들의 심리적 반응에 대해서는 충분히 인지하고 예민하게 반응했다. 그러한 반응은 거짓말에 따른 수많은 끔찍한 결과의 핵심이고, 거짓말과 불신(그리고 때로는 폭력)의 악순환 등 많은 악영향을 촉발할 수 있다.

내 생각에 거짓말에 관한 공리주의적 설명에 반대하는 표준적인 입장에는 두 가지 결점이 있다.[33] 첫째, 그런 설명이 (거짓말을 하는 사람 자신에게 미치는 부정적 영향과 거짓말의 후속 효과를 포함해) 모든 종류의 악영향을 고려할 수 있고, 그래야 한다는 점을 인정하지 못한다. 둘째, 한쪽에 있는 공리주의적 설명과, 맞은편에 있는 강한 도덕적 직관이 완전히 일치하지 않는 것을 마치 공리주의에 대한 사망선고인 것처럼 생각한다. 오히려 직관에 의문을 가져야 할 이유가 될 수도 있는데 말이다.[34]

물론 사람의 도덕적 직관은 대부분 공리주의적인 게 아니라 불완전하나마 칸트주의적이라고 추정하는 것이 합리적이다. 우리가 거짓말의 대상이 됐을 때 어떻게 판단하는지 가장 잘 정리한다면, 고통스러운 비명과 함께 "그것은 모욕이고 나를 무시하는 최악의 방식이야"라고 생각하거나 말할 것이다. "그것은 나쁜 결과를 낳을 것이야" 같은 반응이 아니다. 그리고 엄밀하게 공리주의적 입장에서 본다면, 우리가 거짓말에 대해 강하고 즉각적인 도덕적 거부감, 나아가 혐오감까지 갖는 것은 충분히 축복할 만한 사실이다. 이러한 도덕적 감정은 효용을 증가시킨다. 우리의 혐오감은 개별적 사례에 대한 판단이 자칫 자기 정당화로 빠지는 것을 막아 준다. 잠재적 거짓말쟁이가 자신의 거짓말이 정당한지 공리주의적 관점에서 평가한다면, 그들의 판단을 (말하자면) 신뢰하기란 딱히 쉽지 않다는 점을 기억하자. 그들은 (자신의) 이익을 과대평가하고 (다른 사람의) 비용을 과소평가할 가능성이 크다. 거짓말의 후속 효과는 다분히 무시할 것이다. 그리고 사람들이 거짓말을 할 때, 나아가 거짓말이 정말로 정당한 경우에도 죄책감이나 부끄러움을 느낀다면 더욱 좋은 일이다. 현실 세계에서, 예상되는 죄책감이나 수치심은 공리주의적 관점에서 정당화되지 않는 거짓말을 억제하는 요소로 작용할 것이다.

이런 여건에서 거짓말을 막는 규범은 도덕적 직관으로 간주 돼야 하며, 우리는 이에 대해 깊이 감사해야 한다.[35] 하지만 원 칙의 문제에서 우리의 도덕적 직관에 권위를 부여해서는 안 된 다. 도덕에 진짜로 필요한 것이 무엇인지를 논할 때 직관을 결 정적 요소로 생각해서는 안 된다.[36] 직관은 면밀히 검토돼야 한 다. 중요한 점은, 거짓말을 막는 도덕적 직관이 강력하고도 광 범위할수록 우리에게는 더 좋다는 것이다. 일반적으로 거짓말 은 나쁜 결과를 낳기 때문이다. 만일 사람이 거짓말을 할지 결 정하기 전에 일종의 비용·편익 분석을 한다면, 아마도 너무 많 은 생각을 할 것이고,[37] 매우 많이 거짓말을 할 것이 거의 확실 하다. 하지만 거짓말이 나쁜 이유는 그것이 대체로 끔찍한 결과 를 낳기 때문이다. 그런 결론이 우리의 도덕적 직관과 충분히 부합하지 않는다고 해도 말이다. 벤담이 옳았다고 말하는 것은 거짓말에 관한 도덕적 금기를 문제 삼기 위해서가 아니다. 다만 그것은 우리가 거짓말의 결과를 분명하게 종합할 것을, 그리고 때로는 맥락에 따라 완전히 달라질 수도 있음을 인정하면서 각 각의 사례별로 판단할 것을 요구한다.

규범과 법

윤리적 사고를 이해하는 것은 꼭 필요하지만, 이 책의 중심 주제는 표현의 자유이다. 우리는 거짓말이 나쁘다고 해도 그것을 금지해서는 안 된다는 데 동의할 수 있다. 실제로 우리는 칸트주의적 접근을 윤리에 관한 것으로 수용하면서, 법은 좀 더 세한된 역할을 해야 한다고 주장할 수 있다. 배우자가 상대방에게 거짓말을 하거나, 피고용인이 고용인에게 거짓말을 하면, 사람들이 보통 적용하는 것은 규범이다. 법은 보통 개입하지 않고, 그래서도 안 된다.[38] 니컬러스 해치스(Nicholas Hatzis)가 잘 설명했다.[39]

거짓말이 도덕적으로 나쁘다는 사실은 그것을 법적으로도 나쁜 일로 만드는 충분조건이 아니다. 우리는 모든 도덕적 잘못을 처벌하는 정부가 정당하다고는 생각하지 않고, 그런 체제에서 살면 행복할 것이라고 기대하지도 않는다. 우리의 도덕적 잘못이 국가의 정당한 업무가 되려면 무언가 더 필요하다. 그럴 때 보통 거론되는 것이 해악이다. 도덕적 잘못이 다른 사람에게, 혹은 어떤 경우에는 자기 자신에게 해악을 끼친다면 정부가 나설 이유가 있다.

하지만 2장의 표를 생각해 보자. 해악이 꼭 포함돼야 하는가? 어떤 해악인가? 어떤 종류의 거짓말을 규제해야 하는가?

나라마다 서로 다른 접근법을 택한다는 것은 특별히 새롭지 않다. 어떤 나라에서는 표현의 자유가 우선하지 않는다. 다른 나라에서는 표현의 자유가 최우선의 가치이다. 하지만 그런 나라에서조차 자유의 형태가 절대적인 경우는 없다. 자기네 제품을 구입하면 절대로 암에 걸리지 않는다고 허위로 주장하는 것은 허용되지 않는다. 하지만 어떤 허위사실이 보호받는가? 나는 상당 부분 미국에 초점을 맞추겠지만, 밑바탕이 되는 원칙은 다른 접근법을 채택한 나라에도 해당될 것으로 기대한다.

오랜 시간 동안, 미국「수정헌법」1조가 허위 진술은 보호하지 않는다는 것이 일반적인 해석이었다.[40] 실제로 많은 사람은 최소한 공직 후보자가 그런 진술을 할 경우 국가가 금지해야 한다고 믿었다. 상황이 바뀐 것은 2012년이다. 이때 연방 대법원은 고의적인 허위사실이라도 최소한 심각한 해악을 초래하는 것이 아니라면「수정헌법」1조의 보호를 받는다고 판결했다. 하지만 2012년은 여러모로 마치 백 년 전처럼 느껴지고, 대법원은 아직 그 결정에 대한 적절한 설명을 내놓지 않았다. 그런 설명이 나온다면 아마도 규제를 맡을 당국자에 대한 불신과 '위축 효과(chilling effect)'의 위험을 강조하는 것으로 시작할 것이다. 위축효과란 허위사실을 처벌 또는 억제하려는 노력이 그 과정에서 진실 또한 억누른다는 것이다. 하지만 이것이 고의적이든 아니든 간에 허위사실을 보호하는 유일한 이유는 전혀 아니다. 곧 살펴보겠지만 다른 이유도 있다. 자유로운 사회에서는 허위사실도 헌법의 보호를 받을 가치가 있다는 주장이 어떤 토대 위에 있는지 우리는 자세히 살펴볼 것이다.

해묵은 문제들에 대해 오늘날 미국에서 내놓는 해법은 그다지 좋지 않다. 어떤 해법은 참혹하다. 국민의 건강이 위험에 빠질 수도 있는데, 그와 관련해 우리는 무엇을 할 것인가? 그냥 놓아둔다? 자치의 원리 자체가 심각한 위협을 받게 될 수도 있다. 그것이 자유의 대가일까? 그렇다면 아마도 역설적인 결론이 될 것이다. 그리고 새로운 문제들에 대해서는 표현의 자유라는 가치를 강조하는 것이 인기 있는 대책이지만, 그것은 부적절하다. 방송국과 신문, 페이스북이나 트위터 같은 소셜미디어 사업체들이 허위사실의 확산을 방치하는 한 분명히 그렇다. 하지만 민주주의사회에서 허위사실은 그저 우리가 지불해야 하는 자유의 대가 가운데 하나일 뿐이라는 게 정부의 생각이라면 그 또한 부적절하다. 때로는 그 대가가 너무 값비싸다.

chapter
4

가짜
유공자

소셜미디어 때문에 허위사실은 사람들에게 점점 더 퍼지고 있으며, 이는 민주주의를 위한 열망에 심각한 위협이 된다는 점은 이미 지적했다.[01] 2016년 미국 대선에서 벌어진 러시아의 개입이 두드러진 예이다.[02] 로버트 뮬러(Robert Mueller) 특검 보고서가 굉장히 자세하게 설명하고 있듯이, "이들 활동은 2014년과 2015년에 미국 선거제도를 약화시키기 위해 고안된 종합적 프로그램에서 출발해, 2016년 초에는 트럼프 후보를 지원하고 클린턴 후보를 비방하는 것을 목표로 하는 작전으로 발전했다". 종합적 프로그램과 목표물이 있는 작전 모두 좀 더 살펴볼 필요가 있다.

종합적 프로그램으로, 러시아의 인터넷연구소(Internet Research Agency, IRA)는 선거를 방해하고 갈등을 유발하기 위해 미국에서 광범위한 허위정보(disinformation) 유포와 소셜미디어 작전을 수행했다. 수많은 거짓말을 퍼뜨리는 것도 이들 작전에 포함됐다. IRA가 트럼프 후보 지원에 초점을 맞추기 시작한 것과 동시에(2016년 초), 러시아 정부는 두 번째 형태의 개입을 시작했다. 사이버 침투(해킹)에 이어, 클린턴 후보에 타격을 주는 해킹 자료를 공개하는 것이었다. 빼낸 자료는 가상의 온라인 집단, 'DCLeaks'와 'Guccifer 2.0' 두 곳을 통해 공개됐다. 나중에는 위키리크스를 이용했다. 사실 가상의 집단을 이용한 것은 민주주의를 안에서부터 무너뜨리고, 사회 분열을 야기하고, 러시아가 선호하는 후보를 지원하려는 노력의 일환이었다.

전모는 경악스럽고, 앞으로 벌어질 일은 더할 것이다. 지금까지 일어난 일만으로도, 정치적 절차의 신뢰성을 보호하기 위해 정부와 민간기관 모두의 적극적인 노력이 필요하다는 점이 드러난다. 그런 노력이 헌법에 위배된다고 해서는 안 된다. 러시아나 다른 외국 요원의 웹사이트와 글을 삭제하고, 나아가 아예 차단한다고 해도 말이다.

민간기관도 해야 할 역할이 있다. 페이스북의 커뮤니티 규정은 이 문제의 상당 부분을 다룬다.[03] "진실성을 높이기 위한 저희의 약속에 따라, Facebook은 사람들이 Facebook에서 자신을 사실과 다르게 표현하거나 가짜 계정을 사용하는 행위, 콘텐츠의 인기도를 인위적으로 높이거나 기타 커뮤니티 규정을 위반하는 행위를 허용하지 않습니다." 이것은 특히 다음과 같은 행위가 허용되지 않음을 뜻한다.

― 페이지의 소유권 또는 관리에 대해 사용자의 오해를 불러일으켜 페이지의 목적을 숨김.

— Facebook 또는 Instagram 자산(계정, 페이지, 그룹 또는 이벤트)을 사용하여 사람들에게나 Facebook에 다음과 같은 오해를 불러일으키는 것으로 정의되는 '허위 행동(Inauthentic Behavior)'에 참여하거나 참여하도록 요청.

- 자신의 신원, 목적 또는 실체의 기원에 대한 오해
- Facebook 또는 Instagram 콘텐츠나 자산의 인기도에 대한 오해
- 공개 대상 또는 커뮤니티의 목적에 대한 오해
- 콘텐츠의 소스 또는 출처에 대한 오해

시작으로는 훌륭하다. 하지만 잘못된 정보의 문제를 직접 다루는 것은 아니다. 페이스북의 주된 대응은 "허위 뉴스(false news)를 삭제하는 대신 뉴스피드에서 표시되는 횟수를 줄여 배포를 크게 감소"시키는 것이다.[04] 이것은 중요한 조치이고, 허위사실의 영향력을 줄이기 위한 시스템을 활용하는 것의 가치와 중요성을 알려 준다. 사람들은 그것에 더 혹은 덜 주목하도록 자극받을 수 있다. 하지만 이런 조치로는 충분하지 않다. 그 이유는 적절한 방식으로 다시 살펴보겠다.

우려스럽게도 국내 정치인들도 러시아의 일부 전술을 따라 하고 있다.[05] 2019년에 있었던 일 중에서 딱 한 가지 예를 들자면, 엘리자베스 워런 상원의원이 자신의 부엌에 블랙페이스(흑인이 아닌 사람이 한 흑인 분장으로서 인종차별 행위이다. 비하의 의도가 없다 하더라도 이러한 분장을 하면 인종차별 논란에 휘말릴 수 있다. 블랙페이스는 흑인 핍박의 역사에서 혐오의 상

징이기 때문이다 – 옮긴이) 인형을 전시해 놨다는 유언비어가 4chan(이미지 게시 및 토론 등을 목적으로 한 익명 게시판 플랫폼 – 옮긴이)에서 시작해 주류 플랫폼인 페이스북과 트위터에까지 급속히 퍼졌다.[06] 정부가 자국민의 발언에 대한 규제를 시도하게 되면 상당히 까다로운 헌법적 문제가 제기되며, 그것이 내가 여기서 다루고자 하는 주제이다.

거짓말은 놀라울 정도로 짧은 시간 안에 퍼질 수 있다. 곧 보겠지만, 허위 진술은 진실한 진술보다 더 빨리 확산되는 것으로 보인다. 디프페이크(머신 러닝이나 인공지능을 이용하여, 누군가 하지 않은 말이나 행동을 그 사람이 한 것처럼 보이게 만든 영상)는 단지 개발이 진행 중인 기술이 아니다. 이미 존재하는 기술이다.[07] 합성영상은 기술적으로 덜 발달되었지만 시청자에게 미치는 영향은 비슷하다. 디프페이크나 합성영상 모두 말 그대로 허위인 진술을 하지는 않는다. 그들은 문자 그대로 "위는 아래이다"라거나 "2 더하기 2는 6이다"라고 말하지 않는다. 하지만 그 영향은 허위 진술의 영향과 동일하다. 그들은 사람이나 사건에 관해 진실이 아닌 것을 보여 준다.

여러 차례에 걸쳐 연방 대법원은 허위 진술의 경우 헌법적 보호를 받지 못한다고 판결했다.[08] 미국 역사 대부분의 기간에, 사람들은 정부가 허위 진술을 처벌할 수 있는 폭넓은 권한을 보유한다는 결론을 충분히 내릴 수 있었을 것이다. 앞서 지적했듯이, 이른바 허위 진술도 「수정헌법」 1조의 보장 범위에 포함된다고 대법원이 명백히 한 것은 2012년 이후였다. '미국 대 앨버레즈(*United States v. Alvarez*)[09] 사건'에서 대법원은 의견이 심하게 갈리기는 했지만(연방 대법원은 6:3으로 위헌 결정을 내렸다 ― 옮긴이), 자신이 미국 최고의 무공훈장 메달 오브 아너(Congressional Medal of Honor)를 받았다고 허위로 주장하는 사람을 형사처벌하는 것은 「수정헌법」 1조에 따라 금지된다고 판결했다.

"같은 놈에게 여러 번 부상을 당했다"

사건의 장본인은 제이비어 앨버레즈(Xavier Alvarez)이다. 그는 상습적 거짓말쟁이로, 자신이 베트남전 참전 용사였다, 경찰이었다, 멕시코 출신 여배우와 결혼했다, 디트로이트 레드윙스에서 뛴 프로 하키 선수였다는 등의 여러 거짓말을 했다. 하지만 그는 캘리포니아 클레어몬트에 소재한 정부 기구 '스리밸리지역 수자원 관리위원회(Three Valley Water District Board)' 위원으로 있으면서 거짓말을 했다가 법정에 서게 됐다. 그가 한말은 이랬다.

"나는 25년간 해병으로 복무한 뒤 퇴역했다. 퇴역한 해는 2001년이다. 1987년에 나는 메달 오브 아너를 받았다. 나는 같은 놈에게 여러 번 부상을 당했다."

여기서 진실인 말은 아무것도 없다. 그중 하나는 불법이기도 했다. 메달 오브 아너를 받았다는 그의 주장은 「가짜 유공자 처벌법(Stolen Valor Act)」 위반이었다. 이 법은 메달 오브 아너를 받았다고 거짓말하는 바로 그 행위를 범죄로 규정한다. 그럼에도 연방 대법원은 그 거짓말이 「수정헌법」 1조에 따른 보호를 받는다고 판결했다.

내 생각에 대법원은 2장의 표에 상응하는, 표현의 자유에 관한 여러 가지 합리적이고 중요한 사항을 밝혔다. 그러나 최종 판결은 틀렸고, 심지어 터무니없다. 나라에서 최고로 명예로운 훈장을 받았는지에 대해 명백한 거짓말을 하는 것을 어떤 이유로 헌법이 보호한단 말인가? 물론 우리는 일종의 농담이나 풍자로, 혹은 술에 취해 정신이 흐려졌거나 데이트에 나갔을 때 그런 말을 할 수도 있다고 생각할 수 있다. 하지만 앨버레즈는 그런 핑계를 전혀 댈 수 없었다.

다수의견에 동의한 대법관들은 무엇보다도 허위 표현을 처벌하면 자유로운 토론을 억누르게 될 것이라고 강조했다. 또한 반론처럼 권리침해가 덜한 대안을 통해 국가의 정당한 법익(이를테면 메달 오브 아너를 진짜로 받은 사람의 명예를 보호하는 것)을 보호할 수 있다고 밝혔다. 반론이 얼마나 도움이 될까? 이것은 아주 좋은 질문이다. 우리는 그 이유를 5장에서 보게 될 것이다.

이런 기괴하고도 고의적인 허위사실이 왜 보호돼야 하는지 설명하면서 다수의견은 근엄하게 밝혔다.

지붕 위에 올라가 외친 것이든 간신히 들릴 만한 귓속말이든, 정부가 이 표현을 형사처벌 대상으로 선포하도록 허용한다면, 처벌 대상인 허위 진술의 주제 목록을 집대성할 권한을 정부에 부여하는 것이다. 정부의 권력은 한계를 분명히 하지 않는 속성이 있다. 우리의 헌법 전통은 우리에게 '오세아니아의 진리부(Ministry of Truth, 조지 오웰의 『1984』의 전체주의국가 오세아니아에 있는 네 부처 중 하나로, 진리라는 이름은 반어적인 표현이다. 실제로 진리부에서 관장하는 업무는 역사적 사건과 뉴스를 조작해 대중을 속이는 것이다 — 옮긴이)'가 필요하다는 발상을 거부한다. 이 법이 합헌이라면 정부나 국가가 지정할 수 있는 주제의 목록이 끝없이 생겨날 수 있다.[10]

정부에 "처벌 대상인 허위 진술의 주제 목록을 집대성할 권한"을 무제한으로 부여해서는 안 된다는 데에는 물론 동의해야 한다. 만일 의회가 기후변화나 진화, 아니면 축구나 야구 내지는 미국 역사, 독일 역사, 러시아 역사에 대한 허위 진술을 범죄로 만든다면, 그것은 「수정헌법」 1조 위반이 될 것이다. 진리부는 당연히 「수정헌법」 1조에 위배된다. 첫째, 단순한 허위사실과 거짓말은 다르다. 발언자의 의식 상태를 따져야 한다. (다수의 의견은 이 차이를 생략했다. 앨버레즈는 거짓말을 했다.) 둘째, 많은 문제의 경우 정부가 검열이나 처벌이 아니라 반론을 활용해야 한다고 말하는 것이 옳다. (이 문제는 5장에서 더 자세히 설명하겠다.)

기준

허위사실을 규제하더라도 정부는 문제를 올바르게 '분리할' 필요가 있다. 그 이유를 보려면 몇 가지를 구분하는 것이 중요하다.

① 표현에 대한 어떤 규제는 관점을 기준으로 삼는다. 국가 지도자에 대해 나쁘게 말하는 것을 금지하는 법을 생각해 보자. 그런 법은 사람들이 국가 지도자에 대해 좋게 말하는 것은 허용하므로, 특정한 관점을 우대하는 것이다. 따라서 자동적으로 위헌이다. 관점에 따른 차별은 거의 항상 유효하지 않다. 문제의 표현이 헌법에 따른 보호대상이 아닐 경우라도 그렇다.[11]

② 표현에 대한 어떤 규제는 표현의 관점이 아니라 내용을 기준으로 삼는다. 일요일에 국가 지도자에 관해 논의하는 것을 금지하는 법을 생각해 보자. 이 법은 관점이 무엇이든 논의 자체를 금지하므로, 어떤 특정한 견해를 우대하는 것은 아니다. 다만 발언자가 무엇을 말하는지에 따라 규제를 시행할 것이다. 내용에 따른 규제는 대체로 위헌이지만, 항상 그런 것은 아니다. 그런 규제를 정당화할 매우 강력하고도 충분한 중립적 이유를 정부가 댈 수 있다면, 그 법은 유지될 것이다. 예를 들어 공립대학에서 미국사 수업 시간에는 미국 역사에만 초점을 맞추라는 지침을 내린다면, 이 지침은 내용에 따라 규제를 가하지만 헌법

적 문제가 되지는 않는다.

③ 표현에 대한 어떤 규제는 내용과 관점 모두 기준으로 삼지 않는다. 지하철에 벽보를 붙이지 못하게 하는 법을 생각해 보자. 이 법은 내용에 대해 중립적이다. 정부는 내용과 무관하게 규제를 시행하는 적절한 이유를 제시해야 한다. 단순히 규제하고 싶기 때문에 표현을 제한할 수는 없다. 하지만 정부가 적절한 이유를 댈 수 있는 한 헌법적 문제는 없을 것이다.

허위사실에 대한 규제 중 어느 것은 ①이나 ②의 범주에 속할 것이다. 원자력을 부정적으로 묘사하는 허위사실을 의회에서 처벌한다면, 이것은 관점에 따른 규제이다. 기후변화나 진화에 대한 허위 진술을 금지한다면, 관점에 대해서는 중립적이지만 내용을 기준으로 규제하는 것이고 위헌으로 선언될 가능성이 아주 높다. 이런 금지를 통해 의회가 특정한 견해를 강화하려고 시도하는가? 그렇다고 의심할 수 있고, 판사도 그렇게 생각할 것이다.

관점이나 내용에 따른 규제라는 문제 외에도, 표현을 규제할 때에는 언제나 정부가 적절한 근거를 제시하는지 따져 봐야 한다. 허위사실에 대한 규제라도 말이다. 스포츠에 대한 허위사실을 금지한다면 스포츠 팬들은 좋아하겠지만, 사람들이 자기가 좋아하는 선수의 성적에 관해 말실수를 하거나, 나아가 거짓말을 하지 못하게 하는 것이 그렇게 중요할까? 최고의 농구선수

빌 러셀(Bill Russell, 내가 가장 좋아하는 선수이다)이 우승한 횟수는 열한 번(정확한 숫자)이 아니라 열 번이라고 누군가 말한다면, 그 때문에 검열이나 처벌을 하기를 정당화할 만한 피해가 발생할까? 이는 표현의 자유라는 체제에서 언제나 생각해 보기 좋은 질문이다. 허위사실에 관해서도 말이다. (그 이유는 5장에서 더 자세히 살펴보겠다.)

하지만 「가짜 유공자 처벌법」이 위헌이 된 것은 이런 점들로 설명되지 않는다. 의회에서 도입한 규제는 관점에 따른 것인가, 내용에 따른 것인가? 이 법은 분명 내용을 기준으로 규제한다. 누가 허위로 노벨상을 받았거나 올림픽 금메달을 땄다고 말했다면 그건 법을 어긴 게 아니다. 문제가 된 것은 앨버레즈가 한 말의 내용임이 분명하다. 한편, 관점 또한 기준이 됐다고 생각할 수도 있다. 만일 메달 오브 아너를 받은 유공자가 자신은 훈장을 받지 **않았다**고 허위로 말한다면 그것은 범죄가 아닐 것이다. 하지만 이같이 내용에 따른 규제와, 관점에 따른 것일 수도 있는 규제를 위헌으로 선언하기 충분하다고 주장하려면 그것은 쉽지 않을 것이다.[12]

왜냐하면 의회에는 이런 규제를 도입하기 위해 강력하고도, 관점 중립적이면서 내용 중립적인 이유가 있었기 때문이다. 만일 누군가가 메달 오브 아너를 받았다고 허위로 주장한다면, 그가 주장하는 이 업적은 (민주적 절차를 포함해) 다양한 영역에서 그에게 불공정하게 혜택을 줄 수 있다. 그는 또한 실제로 훈장을 받은 사람들의 성취를 폄하한다. 이 메달을 받았다는 허위 주장을 의회가 범죄로 만든다고 해서 '진리부'를 신설할 필요는 없다. 이미 봤듯이 의회는 수많은 허위사실을 불법으로 규정했다. 예를 들면 위증, 연방수사국(FBI)에 대한 거짓말이 그렇다. 이들을 금지했다고 해서 조지 오웰의 악몽이 실현되지는 않았다.

엄격한 심사

허위 진술에 대한 규제에 의구심을 나타내면서, 다수의견은 그러한 규제가 반드시 "엄격한 심사(exacting scrutiny)를 충족" 해야 한다고 밝혔다. 어려운 법률 전문용어 같지만, 핵심 개념은 간단하다. 법원은 그러한 규제를 매우 회의적으로 볼 것이며, 규제를 옹호하려면 정부는 그런 규제가 정당하다는 강력한 입증을 내놔야 한다는 것이다. 정부는 허위사실의 규제를 뒷받침하는 강력한 이유를 제시해야 하며, 규제 말고는 정부가 정당한 법익을 보호할 수 있는 다른 수단이 없음을 증명해야 한다. 즉 이런 규제는 대부분 위헌이 된다는 얘기다. '앨버레즈 사건' 판결에 따르면 거짓말에 대한 어떤 금지도 옹호하기 쉽지 않다. 그런 이유로, 이 판결은 전국의 거짓말쟁이들에게 커다란 승리인 셈이다.

스티븐 브라이어(Stephen Breyer) 대법관은 자신과 엘리나 케이건(Elena Kagan) 대법관이 참여한 별개 의견에서 좀 더 낮은 기준을 제안했다. 정부에 거짓말을 규제할 여지를 좀 더 주는 것이다. 법률용어로는 그 기준을 '중간 심사(intermediate scrutiny)'라고 한다. 브라이어 대법관은 이에 관해 일종의 비례성 심사(proportionality test)를 제시했다. 이에 따르면 허위사실에 대한 일부 규제는 유지될 수 있다. 브라이어 대법관에 따르면, 그 목표는 "어떤 규정이 헌법적으로 보호받는 권익에 부정적 영향을 끼치는 많은 사례에 대해 무조건적인 부정, 또는 무조건적인 승인이 아니라 적절한 보호를 제공하는 것"이다. 이 기준은 일종의 균형점 찾기이다.

더 살펴볼 점은 '앨버레즈 사건'에서 대법관 여섯 명이 "사상의 자유시장(marketplace of ideas)"에 대한 열정적인 지지를 표명했다는 것이다.[13] 모든 미국 법률 가운데 가장 중요한 의견에서 홈스 대법관은 다음과 같은 주장으로 사상의 자유시장에 힘을 실었다. "바람직한 최선의 결과에 이르는 더 나은 방법은 사상의 자유로운 교환이다. 시장의 경쟁에서 스스로 살아남는 그 사상의 힘이야말로 진실을 가려내는 가장 좋은 기준이다."[14] '앨버레즈 사건'에 관한 다수의견에서 바로 이 문장을 원용하면서 대법원은 "정부가 주장하는 것과 달리, 허위 진술은 「수정헌법」 1조의 보호를 받지 못한다는 포괄적인 결정을 승인한 적이 결코 없다"라고 명백히 했다.[15]

사상의 자유로운 교환이란 일반적으로 훌륭한 생각이라는 데 동의한다. 많은 허위 진술이 헌법의 보호를 받아야 한다는 데에도 동의한다. 하지만 발언자의 의식 상태는 중요하고, 해악

역시 그렇다. 만일 내가 실제로는 중고인 차를 신차라고 팔면 나는 처벌받는다. 만일 내가 의사를 사칭하며 환자의 인후통을 치료한다면 관계 당국이 벌금을 물릴 것이다. 내가 연방수사국에서 나왔다면서 당신에게 여러 가지 개인적 질문을 한다면, 헌법상 보호되는 표현의 자유를 행사하고 있는 게 아니다. 어쩌면 이런 것들은 표현이 아니라 행위라고 주장할 수도 있겠다. 그러나 이들은 언어이다. 메달 오브 아너를 받았다는 앨버레즈의 주장과 똑같이 말이다. 새뮤얼 얼리토(Samuel Alito) 대법관이 잘 설명했다.[16]

의회에서 인정한 바와 같이, 「가짜 유공자 처벌법」이 규정한 거짓말은 상당한 해악을 초래한다. 많은 경우 해악은 그 성격상 분명히 인지할 수 있다. 사람은 금전적 혜택을 얻기 위해, 혹은 유리한 계약이나 정부가 제공하는 혜택처럼 다른 물질적 보상을 받기 위해 자신이 훈장을 받은 것처럼 허위로 주장하는 경우가 자주 있다. 예를 들어, 허위 주장에 관한 조사를 보면 미국의 한 지역에서만도 열두 명이 보훈부(Department of Veterans Affairs)를 속여 140만 달러 이상의 보훈 혜택을 챙긴 것으로 드러났다. 다른 경우에는 해악이 좀 덜 분명하지만 그럼에도 상당하다. 「가짜 유공자 처벌법」에서 규정한 거짓말은 무공훈장 고유의 명예를 모독하는 것이다. 어떤 사기꾼이 전혀 행한 적 없는 영웅적 행동을 자신의 공으로 돌릴 때, 진정한 훈장 수훈자와 그 가족들은 그들이 어떤 피해를 견뎌야 하는지 밝혀 왔다. 한 메달 오브 아너 수훈자는 그 감정을 마치 "희생을 하고 메달을 받은 참전 용사의 면전에 따귀를 날리는 것 같다"라고 설명했다.

그리하여 다시, 왜 한 나라의 입법부가 그 나라 최고의 명예 훈장을 받았다고 거짓말하는 사람을 막을 수 없단 말인가?

사상의 자유시장

'앨버레즈 사건' 이후 상대적으로 짧은 시간 동안 세계는 극적으로 변했다. 소셜미디어의 역할이 커지고, 이를 통해 거짓말과 허위사실이 퍼지게 된 것도 이유 중의 하나이다. 곧 살펴보겠지만, '앨버레즈 사건'의 다수의견은 대체로 명예훼손처럼 경우에 따라 사실에 관한 허위 진술을 규제하거나 제재할 수도 있는, 이미 잘 정립된 사건 유형에만 집중했다는 점에서 근시안적이다.[17] 하지만 오늘날에는 명예훼손에 이르지 않는 허위 진술도 개인과 사회에 심각한 문제를 일으키고 있다. 이들이 문제를 일으킨다면 규제할 수 있어야 한다는 주장에는 정당성이 있다.

'앨버레즈 사건'에서 다수의견은 왜 어떤 허위사실은 보호되지 않는지에 대해 몇 가지 재미있는 지적을 했다. 앤서니 케네디(Anthony Kennedy) 대법관은 위증의 경우 "법의 기능과 분야를 침해하며 사법제도의 기반인 판결의 진실성을 위협한다"라고 설명했다.[18] 또한 "정부를 대표해서 말한다고 사칭하는 것을 금지하거나, 정부 공무원을 사칭하는 것을 금지하는 조항 역시 행정 절차의 진실성을 보호한다"라고 덧붙였다.[19] 이들 명제는 정부와 사법 절차를 위협하는 허위사실에 관한 좀 더 광범위한 제한을 지지하는 근거로 활용될 수 있다. 그래도 될까?

어떤 허위사실에 대해서는 사상의 자유시장이 정말로 거의 작동하지 않는다는 점을 누구도 의심할 수 없다. 사상의 자유시장은 해결책이 아니라 문제가 될 수도 있다. 온라인에서는 특히 그럴 것이다. 진실을 가려내는 최선의 방법과는 거리가 멀게도, 사상의 자유시장은 많은 사람이 허위사실을 받아들이거나, 생활의 일부 혹은 작은 사건이 어떤 문제가 있거나 비열한 전체를 대표하는 것으로 생각하게 만든다. 5장에서 살펴볼 행동과학은 이 점을 전적으로 분명하게 밝힌다. 과학적 연구 결과는 "어떤 명제의 수용 여부를 결정하는 가장 중요한 요소는 명제의 진실성"이라는 생각을 거의 일관되게 부정한다.[20]

고위 정치인이나 대기업 회장에 대한 자극적인 허위사실이 트위터에서 퍼지기 시작했다고 생각해 보자. 아니면 언론에 접근할 수도 없고 온라인에서 그렇게 유명하지도 않은 이웃 주민의 범죄행위에 대한 내용이 신문이나 페이스북에 실렸을 때 예상되는 결과를 생각해 보자. 문제는 심각하고 만연하며, 더욱 늘고 있는 것으로 보인다. 때로는 사람의 생명에 심각한 해를 끼치고,[21] 기업의 장래를 파괴하며,[22] 투자자에게 피해를 주고,[23] 민주주의 자체를 잠식한다.

특히 마지막 문제를 강조하는 것이 중요하다. 클래런스 토머스(Clarence Thomas) 대법관이 지적했듯 "보통법은 오히려 공인에 대한 명예훼손을 일반적 명예훼손보다 **더** 심각하고 해로운 것으로 간주한다".[24] 1808년에 법원은 "사람들이 속임수에 넘어가서 공직자로서 최적인 시민을 거부할 수도 있고, 이는 사람들에게 커다란 손실이다"라고 강조했다.[25] 중요한 내용이니 이것을 조금 더 살펴보자. 표현의 자유가 중요한 크나큰 이유는 자치를 돕기 위해서다. 설령 틀린 것이라도 사람들이 자신의 생각을 말할 수 없다면 제대로 작동하는 민주주의는 존재할 수 없다. 하지만 사람들이 허위 진술을 퍼뜨린다면 민주주의 자체가 어려움을 겪을 것이고, 공직자와 공공기관에 관한 허위 진술이라면 더욱 그럴 것이 명백하다. 정당하지 않은 이유로 시민들은 특정한 지도자와 정책, 심지어 그들의 정부 자체에 대한 신뢰를 잃을 것이다. 전략적으로 행동한다면 후보자, 정당, 외부인, 그밖의 누구라도 그런 일이 일어나도록 시도할 수 있다. 동시에 허위 진술은 우리가 시민으로서 지도자나 그 후보자에 관해, 혹은 크고 작은 위기에서 무엇을 해야 할지에 관해 올바르게 생각하는 능력을 방해한다.

불과 연기

일상생활에서 많은 사람이 다음과 같은 단순한 규칙을 따르는 것처럼 보인다는 데 주목하면 문제를 더 잘 이해할 수 있다.

일반적으로 사람들은 진실, 혹은 최소한 대체로 진실한 것이 아니라면 말하지 않는다. 우리는 '뭐든지 믿는 베이지언(credulous Bayesian)'이 되는 경향이 있다. 우리는 듣는 것에 따라 판단을 새롭게 바꾸지만, 우리가 들은 정보의 제공자가 품은 의도 또는 그 정보력의 한계를 충분히 의심하지 않는다는 의미이다.[26] 만일 누군가 어떤 의사는 범죄자라거나, 어떤 학생이나 교수가 심각한 비행에 연루됐다거나, 어떤 공직 후보자는 부패했다고 주장한다면, 많은 사람은 어떤 사실에 근거하지 않고서는 그런 말이 나오지 않을 거라고 생각할 것이다.

이는 아니 땐 굴뚝에 연기가 나겠느냐는 시각이다. 또한 설령 우리 대부분은 그렇게 뭐든지 믿지 않고, 그런 법칙을 따르지 않더라도, 단순히 허위 진술의 존재만으로도 의심의 구름, 일종의 부정적 감정이나 정서적 후유증이 남게 된다. 이는 궁극적으로 우리 믿음과 행동에 영향을 끼칠 수 있다.[27] 우리가 "랜돌프 존스는 폭행 사건을 결코 저지른 적이 없다"라는 말을 듣는다면, 그럼에도 우리는 마음속으로 존스를 폭행 사건과 연관 지을 것이다. 행동과학에서 자주 사용되는 비유적 용어로 말하자면, 우리의 정신 가운데 빠르고 직관적인 결정을 내리며 때로는 감정에 좌우되는 부분(보통 '시스템 1'이라고 부름)은 허위 진술을 믿게 될 수 있다. 좀 더 느리고, 더 생각하며, 더 계산적인 부분('시스템 2')은 그렇지 않더라도 말이다.[28] 이 점은 6장에서 다시 살펴보겠다.

표현을 규제하는 어떤 노력이든지 위축효과를 만들어 낼 것이라는 지적은 옳고 또 중요하다. 허위사실을 퍼뜨리는 사람을 처벌하면 곧 진실을 위축시키게 될 것을 알 수 있다. '앨버레즈 사건'에서 브라이어 대법관은 "허위 진술에 대한 형사처벌의 위협은 발언자가 진실한 말을 하는 것도 가로막을 수 있으며, 이로써 어떤 표현을 '위축'시킨다는 것이 「수정헌법」 1조의 핵심에 담겨 있다"라고 밝혔다.[29] 예를 들어 대통령 후보자에 대한 허위 진술 유포자를 처벌하는 법을 생각해 보자. 물론 유권자이든 후보자 개인이든 사람들이 허위 진술 때문에 피해를 입지 않는다면 좋은 일이다. 하지만 바로 그 법으로 인해 사람들은 후보자가 잘못한 일, 나아가 심각하게 나쁜 일을 저질렀다는 사실을 공개하기 꺼리게 될 것이다. 신뢰할 만한 증거가 있는 경우에도 말이다.

그러나 그 반대의 경우도 고려해 볼 수 있다. 어떤 경우에 위축효과는 훌륭한 안전 장치가 될 수도 있다. 위축효과가 없다면 사상의 자유시장은 수많은 사람이 개인과 제도에 관한 파괴적인 허위사실을 퍼뜨리도록 허용할 것이다. 허위 진술이 심각한 문제를 일으킨다면, 위축효과에 대한 두려움 자체가 공적 토론 혹은 사회적 관행에 위축효과가 미치지 않도록 보장하는 것이 중요하다. 어떤 허위사실은 사람에게 상처를 주고, 심하게는 인생을 망칠 수도 있다. 이런 모든 이유로, 사회규범, 나아가 법이 허위사실을 위축시키기를 기대하는 것은 합리적이다. 정리하자면, 우리는 명백한 허위이며 즉각 피해를 일으키는 진술이 퍼지는 것을 막을 방법을 찾아야 한다.

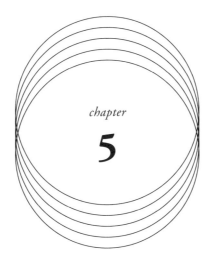

chapter

5

진실

왜 (어떤) 허위사실은 「수정헌법」 1조의 보호를 받을까? 몇 가지 예를 들어 보자.

'달 착륙은 조작됐다.' '돼지는 실제로 날 수 있다.' '9·11 공격은 미군이 일으켰다.' '주식시장이 사상 최저치를 기록하고 있다.' '루스 베이더 긴즈버그는 미국의 연방 대법원장이다.' '떨어뜨린 물체는 낙하하지 않는다.' '밥 딜런은 어떤 노래도 만들지 않았다.' '홀로코스트는 일어나지 않았다.' '미국의 실제 실업률은 최소 70퍼센트이다.' '엘리자베스 워런 상원의원은 러시아에 매수된 간첩이다.' '플라스틱은 금의 한 종류이다.' '개는 늑대가 아니라 코요테의 후손이다.' '지구는 평평하다.' '부활절 토끼는 진짜이다.' '「미국헌법」은 1727년에 비준됐다.' '윌리엄 셰익스피어의 희곡은 알베르 카뮈가 썼다.'

이러한 주장 중 일부를 많은 사람이 믿는다. 이들 주장 모두

가 허위임이 증명됐다고 규정해 보자. 이들이 왜 보호를 받아야 할까? 가장 유명한, 그리고 어떤 의미에서는 여전히 가장 탁월한 설명은 존 스튜어트 밀이 제시했다.[01] 어떤 허위사실, 구체적으로는 전형적인 규제 대상에 해당하지 않는 허위사실에는 분명한 가치가 있다는 점은 이미 살펴봤다. 하얀 거짓말은 사람의 감정을 보호하며, 사람들은 위협에서 벗어나기 위해 거짓말을 할 수도 있다. 브라이어 대법관이 '미국 대 앨버레즈 사건'에서 밝혔듯, "잘못된 사실의 진술도 인간의 목적에 유용하게 쓰일 수 있다. (……) 그것은 당황하지 않게 해 주고, 사생활을 보호하고, 편견으로부터 사람을 보호하고, 환자에게 위안을 주며, 어린이의 동심을 지켜 줄 수 있다. (……) 위험에 직면하여 공포를 멈추거나 아니면 침착함을 유지하게 할 수 있다. 나아가 (……) 궁극적으로 진실을 깨닫는 데 도움을 주는 사고방식을 촉진할 수 있다".[02] 밀은 마지막 논지를 강조했다. 즉, 허위의 역할은 진실을 돕는 것이다. 하지만 그의 논의는 간략하면서도 너무 광범위하다.

여기서는 밀의 논의를 참고할 것이다. 그러나 앞으로 보겠지만, 밀의 주장은 심각한 문제에 부딪힌다. 그것은 너무 추상적이고, 명예훼손, 디프페이크, 합성영상이 제기하는 문제, 실제로 피해를 일으키는 허위사실 전반을 포함하는 여러 어려운 문제를 해결하기에는 너무 고고하다. 그의 논의는 그럴듯하게 들리지만 실제로 이런 질문에 적용하기 어렵다.

그런 한계를 검토하기에 앞서, 제대로 기능하는 사회에서는 거짓말을 제한하고 허위사실을 퍼뜨리지 못하게 하는 안전 장치가 대체로 법이 아니라 사회규범에서 비롯한다는 점을 강조하는 게 중요하다. 만일 진실을 말하지 않는다면 당신은 다양한 종류의 사회적 처벌을 마주할 가능성이 크다.[03] 사람들은 그런 위험을 사전에 알고 있으며, 따라서 일반적으로 정직을 미덕으로 삼는 규범을 내면화하여 그것을 어길 경우 수치심이나 죄책감을 느낀다. 또 사람들은 만일 거짓말을 하면 자신의 경쟁자나 상대방도 거짓말을 할 수 있다는 점을 안다. 진실함을 미덕으로 삼는 규범은 일종의 상호 파괴적 상황을 예방한다.[04] 상황이 괜찮을 때는 사회규범이 법의 역할을 한다. 규범이 거짓말이나 허위사실의 유포를 처벌한다면 사법제도가 개입해야 한다는 압박은 훨씬 줄어들게 된다.

이에 비춰 보면, 보통법을 행사하고 규제 수단이 개입하는 것은 특정 맥락에서 규범의 힘이 불완전해진 데 대한 응답으로 봐야 한다. 심지어 법의 필요성은 사회규범의 실패를 입증하는 것으로 생각할 수도 있다. 명예훼손의 사례를 생각해 보자. 당신이 거짓말을 해서 이웃이나 같은 인류인 다른 사람의 평판을 망가뜨린다면, 당신 역시 자신의 지위를 잃게 될 것이다. 당신은 그것을 알기 때문에 거짓말을 하지 않는다. 규범이 무너지면 상황은 나빠지고, 그렇게 되면 법이 더 적극적으로 대응해야 한다는 목소리가 높아질 것이다.

특정 분야에서는 진실을 말하도록 하는 규범의 힘이 약하고, 거짓말을 통해 명예, 경제적, 정치적, 그 밖의 다른 형태의 이익을 얻을 수 있다고 상상해 보자. 또는 익명으로 말하거나 자기 정체를 공개하지 않고도 말하기 쉬운 상황을 가정해 보자. 그리하여 사람들이 거짓말을 한다. 이 경우 많은 사람은 사법제도가 내응하기를 원할 것이다. 그것이 맞을 수도 있다. 어떤 경우에는 확실히 그렇다.

표현의 자유가 지닌 가치

하지만 어떤 표현이 「수정헌법」 1조의 보호를 받아야 하는지 어떻게 결정해야 할까? 아니면 표현의 자유라는 바로 그 사상을 가장 잘 이해한 바에 따랐을 때 보호받아야 하는 표현인지 어떻게 알 수 있을까? 뇌물 수수, 음란물, 상업광고, 명예훼손, 범행 교사, 범죄 음모, 혐오표현(hate speech), 허위사실 일반, 특수하게는 거짓말을 어떻게 다뤄야 할지, 추상적 수준에서는 전혀 분명하지 않다. 헌법적 문제를 묻는다면 어떤 사람은 '원전주의(originalism)'를 내세울 것이다. 원전주의란 헌법 문안이 제정된 당시에 사회적으로 어떻게 해석됐는지를 묻는 것이다. 일부 유명한 판사들은 「수정헌법」 1조의 범위를 포함한 헌법적 문제를 가장 잘 해결할 수 있는 방법도 이 질문을 통해서라고 생각한다. 여기서 역사적 문제를 다루지는 않겠지만, 원전주의자라면 허위사실 대부분은 헌법적 보호를 받을 가치가 없다고 주장할 충분한 이유가 있다.[05] 하지만 판사들 대부분은 원전주의자가 아니다. 원전주의를 거부한다면, 표현의 자유라는 개념이 이룩하고자 하는 가장 중요한 가치가 무엇인지 이해하는 데 관심을 가져야 할 것이다.

이 질문에 어떻게 답하느냐를 두고 굉장히 다양한 의견이 존재한다. 어떤 사람들은 그 답을 민주적 이상에서 찾아야 한다고 주장한다.[06] 이에 따르면 표현의 자유와 자치는 서로 뗄 수 없는 관계이다. 이런 견해를 수용한다면 허위사실과 거짓말 대부분은 표현의 자유라는 원칙으로 보호받지 못한다. 그것들은 자치와 아무 관계가 없기 때문이다. ('엘비스 프레슬리는 살아 있으며 하와이에 살고 있다.' '나는 지역 골프 대회에서 우승했다.' '이웃집에 사는 워런 크리스프가 어젯밤 자기 고양이를 죽였다.') 또 어떤 사람들은 표현의 자유 원칙은 개인의 자율권에 관한 것이라고 생각한다.[07] 이에 따르면 표현의 자유는 도구적 가치가 아니라 그 자체로 고유한 가치를 지닌다. 그것은 자율성이 뜻하는 바의 일부이지, 그 결과 때문에 보호받는 것이 아니다. 우리가 이렇게 믿는다면 허위사실도 충분히 보호해야 한다. 적어도 그렇게 추정해야 한다. 거짓말도 보호해야 하느냐는 질문은 정당한 것이다.

또 다른 시각에서는 (홈스 대법관이 생각한 것처럼) 사상의 자유시장이 진실을 발견하는 가장 좋은 방법이기 때문에 표현의 자유가 보호돼야 한다고 본다. 이 생각을 따른다면, 허위사실과 거짓말을 어떻게 다뤄야 할지 확실히 알 수 없으므로, 두 가지 주장 모두 가능하다. 하지만 설득력 있는 가정에 바탕을 두자면 허위사실을, 마찬가지로 거짓말을 보호하는 것을 선호하는 방안을 채택할 것이다. 어쨌든 허위사실은 우리가 무엇이 진실인지 찾아내는 것을 도울 수 있다. (아마도 그럴 것이다.) 또 보면, 표현이란 우리가 다른 사람과 의사소통 또는 협력을 하는 주요 방식이자 수단이기 때문에 표현의 자유를 보호해야 한다는 시각도 있다.[08] 이런 인식을 가진 사람은 허위사실을 보호하고자 하겠지만, 거짓말은 제외할 것이다. 쇼나 시프린(Seana Shiffrin)은 이렇게 밝혔다. "고의적으로 진실하지 않은 표현은 똑같이 존중을 받아서는 안 된다. 왜냐하면 그것은 진실한, 혹은 솔직한 표현과 같은 가치를 조금도 공유하지 않기 때문이다."[09]

여기서 이런 경합하는 이해 방식 가운데 하나를 택할 생각은 없다. 그보다는 이들을 종합해, 왜 합리적인 헌법이라면 허위사실의 규제나 검열을 허용하지 않는지에 좀 더 초점을 맞추려고 한다. 어떤 주장은 표현의 자유와 자치['우리 국민은(We the People)'] 간의 관계를 지적하고, 또 다른 주장은 사상의 자유시장을 언급하는가 하면, 자율성을 말하는 이도 있다. 하지만 일반적으로, 이들 주장의 바탕은 공리주의이다. 그 주장들은 허위사실에 대한 규제를 허용했을 때 어떤 세상이 도래할 것인지를 생각해 이에 반대한다.

정부에 대한 불신

만일 정부 관리들이 허위라고 판단하는 것들을 처벌하거나 검열할 수 있게 된다면, 결국에는 진실을 처벌하거나 검열하게 될 것이다. 그 이유는 그들의 판단이 믿을 만하지 않기 때문이다. 그들은 멍청하거나 무식할 수도 있다. 스스로 아무리 확신에 차 있어도 틀릴 수 있다. 무엇보다 최악인 것은, 자신들에게 유리한 판단을 내릴 가능성이 크다는 점이다. 대통령이나 수상, 총리가 어떤 표현을 '가짜뉴스'라고 검열하려 한다면, 진짜 이유는 그것이 가짜여서가 아닐 것이다. 진짜 이유는 아마도 자신들에게 불리하기 때문일 것이다. 진실 순찰대는 결국 권력을 놓지 않으려는 독재자의 하수인이 되고 만다. 더 세부적으로는 '편파적 단속'도 문제이다. 관리들은 자신에게 불리한 거짓말과 허위사실은 추적하지만, 자신에게 유리한 것들은 무시하거나 장려한다.

허위를 말할 권리를 옹호하면서 밀은 이 지점을 완곡하게 짚었다. 표현을 억누르고자 하는 사람들은 "당연히 그것이 진실이 아니라고 한다. 하지만 그들은 무오류의 존재가 아니다. (……) 토론을 침묵시키는 모든 행위는 스스로 오류가 없다고 주장하는 것"이라는 설명이다.[10] 사실 이건 너무 완곡하다. 밀의 주장을 뒷받침하려면 우리는 한편으로 순수한 실수, 다른 한편으로 권위주의나 그와 비슷한 것을 구분해야 한다. 관리들은 어떤 과학적 발견이 틀렸으며 해롭다고 진심으로, 그러나 잘못 믿으면서 그것을 억압할 수 있다. 갈릴레오는 지구가 태양 주위를 도는 것이지 그 반대가 아니라고 주장했다는 이유로 박해를 받았다. 그를 박해한 사람들은 철저하게 진심이었다. 그들 마음속에서는 갈릴레오가 틀렸다는 게 분명했다.

반면 독재자들이 그들의 행동에 대한 정확한 설명을 검열한다면, 그들은 실제로 무슨 일이 일어났는지 아무런 착각도 하고 있지 않다. 그들은 진실을 억누르고 싶은 것이다. 가장 흥미로운 사례는 섞여 있는 경우이다. 어떤 지도자는 자신이 가짜뉴스의 피해자라고 믿을지 모르지만, 그 믿음은 동기부여된 추론일 수 있다. 그는 그 기사가 진실하지 않다고 믿고 싶고, 그런 믿음을 갖는 데 성공한다. 또 그는 특정한 유형의 거짓말과 허위사실에만 관심을 가진다. 그에게 불리하거나 그의 목표를 망치고 권력을 위협하는 것들 말이다.

대표적인 일련의 사례로 2020년 코로나19 팬데믹 기간, 표현의 자유와 관련한 정부의 대응을 살펴보자. 20개국 이상이 팬데믹에 대응해 표현의 자유를 제한했다. 대부분은 생명을 위협할 수 있는 허위사실의 전파를 예방하기 위해 그런 제한이 필요하다는 합리적인 이유를 들었다.[11] 보통 그 목적은 공중보건 위기를 심화시킬 '인포데믹(infodemic)'에 대응하는 것이었고, 많은 경우에 그것이 실제 목표였다. 예를 들어 타이완 정부는 코로나19에 관한 잘못된 정보를 막는 강력한 조치를 취했고, 이는 충분히 정당하다고 볼 수 있다(7장 참고). 하지만 일부 국가에서는 훨씬 더 나아간 법을 만들었다.

예를 들어, 쁘라윳 짠오차 태국 총리는 긴급명령을 발동했다. 이 명령은 "국민에게 공포를 유발할 수 있거나 긴급 상황에 대한 이해를 가로막아 국가안보나 공공질서, 국민의 건전한 태도에 영향을 끼칠 정도로 정보를 왜곡하려고 의도한" 정보의 출판을 금지했다. 이 명령은 정부의 성과에 대한 비판에까지 확대 적용됐다. 비슷한 사례로, 헝가리 정부는 누구든지 바이러스에 관해 "국민 다수를 불안하게 하거나 선동하는" 허위사실을 퍼뜨려 유죄가 선고되면 징역 3년에, 공중보건에 해로운 결과를 초래하는 허위사실이나 "왜곡된 진실"을 퍼뜨릴 경우 징역 5년에 처할 수 있는 법을 제정했다. 볼리비아 정부도 독자적인 긴급명령을 발동했다. 이 명령은 "이 명령에 대한 불복종을 선동하거나 국민에게 잘못된 정보를 제공하거나 불확실성을 초래하는 사람"에 대해 형사처벌을 가능하게 했다. "불확실성"을 초래한다는 것은 모호한 범죄이고, 이런 종류의 법은 반대 세력을 탄압하는 데 쓰일 공산이 크다. 이런 경우 정부의 오류 가능성이란 정부의 단순한 실수도 포함하지만, 정부 자체의 이익을 위한 판단도 의미한다.

밀의 관점에서 보면, 정부의 오류 가능성은 정부 관리가 허위라고 판단하는 표현들을 보호하고, 게다가 그것을 바로잡아야 한다면 수정을 가할 반론과 공적 토론을 허용해야 하는 충분한 이유가 된다. 인류의 역사를 돌아보면, 정부가 허위사실을 처벌하거나 차단하려고 할 때 그들의 진정한 관심사는 허위사실이 아니라 반대 세력이었다. 코로나19 팬데믹과 관련해서는 중국에 특히 생생한 사례가 있다. 의사 리원량 씨는 위험을 알린 내부고발자였다. 2020년, 그는 "잘못된 정보를 유포"한 혐의로 징계를 받았다. (그는 결국 바이러스에 감염돼 숨졌다.) 일반적인 상황이라면 밀이 강조하는 "무오류의 가정"에 대해 열정적인 동의와 기립 박수를 보내는 것이 올바른 반응일 것이다.

하지만 중요한 사례들에서는 밀의 주장이 설득력이 떨어진다. 분명히 그렇다. 누군가 형사사건에서 위증을 한다고 생각해 보자. 위증도 헌법으로 보호될까? 사법제도에는 오류 가능성이 있고, 누군가 실제로 위증을 저질렀는지 판별할 완벽한 수단은 없다고 주장하는 것도 충분히 가능하다. 하지만 사법제도가 위증을 허용해야 한다는 결론을 내린다면 아주 바보 같은 일일 것이다.

혹은 '빨간 약을 먹으면 절대로 코로나19에 걸리지 않고, 파란 약도 같이 먹으면 영원히 심장병에 걸리지 않는다'고 주장하는 허위광고를 정부가 금지하려 한다고 생각해 보자. 아니면 누군가 거짓으로 이웃을 강간범이라고 고소한다고 해 보자. 밀의 주장에 따르면 무고도 처벌해서는 안 될까? 아니면 부동산 판매자가 집을 보러 온 사람에게 "이 집을 사러 온 사람이 다섯 명이나 돼요. 모두 지금 내놓은 값보다 더 비싸게 사겠대요!"라고 거짓말한다고 해 보자. 또는 어떤 사람이 사실은 전혀 아닌데도 자신이 FBI 요원이라고 주장하며 비밀 정보에 접근하려고 거짓말한다고 해 보자. 표현의 자유라는 이념으로 이런 거짓말을 보호해야 할까?

이들 사례로 볼 때 정부의 오류 가능성을 맥락이나 그 효과와 관계없이 거짓말과 허위사실을 허용하는 무적의 카드로 사용해서는 안 된다. 질문해야 할 것은 우리가 믿을 수 있는 제도를 만들 수 있는지, 그리고 적절한 기준을 만들 수 있는지이다. 더 구체적으로는, 해로운 허위사실의 유형을 구체화하고 그것을 규제할 수 있다고 주장하면서, 정부가 오류를 범할 위험을 용인할수 있는 정도로 줄이는 안전 장치를 만들 수 있는지이다.

그런 안전 장치의 하나로 아마도 가장 중요한 것은 독립적인 재판부이다. 정치적 압력에서 자유롭고 어떤 대통령이나 총리의 통제도 받지 않는 법원이 진실과 허위의 문제를 판단하는 기관이 돼야 한다. 독립적인 재판부가 절차를 주관한다면 편향될 위험이 현저히 줄어들 것이다. 물론 법원 자체도 무오류의 존재는 아니다. 법원이 사실을 확정하는 수단은 전혀 완벽하지 않고, 재판부에는 재판부 자체의 편견이 있을 것이다. 더 나쁜 경우에는 재판부가 지나치게 정부에 우호적일 수 있다. 즉, 법원이 정부의 지시를 따르는 것은 아니라 하더라도 대체로 정부가 좋아하는 방향의 판결을 내린다는 뜻이다. 그런 경우에는 법원이 진정으로 독립적이라고 할 수 없다. 다만 중요한 점은, 독립적인 재판부는 행정부 관리를 포함하여 자신들에게 유리한 판단을 내릴 가능성이 있는 다른 집단에 대해 중요한 견제 역할을할 수 있다는 것이다.

또 하나의 안전 장치는 입증책임이다. 어떤 진술이 실제로 허위임을 어느 정도까지 분명하게 보여야 할까? 정부의 오류 가능성을 인정한다고 해도, 무거운 입증책임을 지우면 표현에 대한 부당한 제한의 위험을 줄일 수 있을 것이다. 오류의 위험성이 매우 우려된다면, 허위사실은 **허위사실이 아니라는 합리적 의심이 들지 않는다고 독립적인 재판부가 결정할 때에만** 처벌 또는 검열의 대상이 된다고 주장할 수 있다. 이를테면 의심의 여지가 없는 허위 주장이나 비난으로 누구의 명예가 훼손된 경우이다. 명예훼손 피해를 주장하는 사람이 명예훼손에 해당한다는 진술이 허위라는 '명백하고 확실한 증거'를 제시하거나, 해당 진술이 '합리적 의심의 여지가 없이' 허위임을 입증해야 한다면, 정부의 오류나 편향의 가능성은 줄어들 것이다. 예를 들어 공중보건에 관해, 어떻게 하면 생명을 살릴 수 있는지를 두고 허위로 (또한 위험한 것으로) 판단되는 주장을 하는 사람에게도 똑같이 적용할 수 있을 것이다.

정리하자. 충족하기 어려울 정도로 입증책임을 점점 높인다면, 정부가 오류를 범할 가능성에 관한 밀의 주장은 점점 약해진다. 어떤 대학교 총장이 코카인 중독자라고 누군가 주장하는데, 그것은 사실이 아니라는 점이 합리적 의심의 여지가 없이 입증된다면, 그것이 정부의 오류일 수도 있다는 이유만으로 그런 주장을 그냥 놔둬야 할까? '그렇다'는 답을 옹호하기는 쉽지 않을 것이다. 동시에, 무거운 입증책임은 진실한 발언이 위축될 위험 또한 줄여 준다. 자신이 허위사실을 퍼뜨리고 있다는 게 100퍼센트 확실하지 않는 한 불이익을 받을 일이 없다면, 말하는 사람은 한결 부담을 덜게 된다.

밀의 주장에 직접 대답하자면, 미국을 포함한 많은 민주국가에서는 오래전부터 위증,[12] 허위광고,[13] 사기[14] 등을 포함한 다양한 종류의 허위사실을 금지하고 있다고 강조한다는 것이다. 누구든지 실제로 FBI 요원이 아닌 한, 자신이 FBI 요원이라고 말하는 것은 허용되지 않는다.[15] 이런 경우 밀의 주장을 부정하는 것은 당연하고 올바르다. 이런 사례에서는 대체로 해악을 입증할 수 있는 게 사실이고, 이런 해악이 존재하거나, 그렇지 않더라도 최소한 그런 해악이 발생할 위험이 상당한 경우가 아니라면(이 문제는 다시 다루겠다), 허위 진술도 보호된다고 말하는 것이 합리적이다. 하지만 지금 다루는 문제는 정부의 오류 가능성에 대한 밀의 주장이 그 자체로 허위사실을 보호할 확실한 이유가 되는지이다. 그건 아니다.

밀의 입장을 옹호하는 가장 설득력 있는 주장, 혹은 오늘날 사법제도 대부분에서 하는 것보다 더 많이 이용하는 주장은 다음과 같은 양식을 취할 것이다. 정부가 오류를 범할 위험(사법적 오류 포함)이 높다고 할 수 있으니, 항상은 아니라도 많은 경우 그렇다. 진실과 허위의 문제를 개별 사건마다 각각 조사하기는 힘들고 시간이 소모될 것이다. 따라서 그런 조사를 하기보다는, 정부가 허위사실의 심각한 해악을 강력하게 입증할 수 없는 한 허위사실을 처벌 또는 검열할 수 없다고 결론짓는 것이 최선이다.

이런 주장이 추상적 수준에서는 받아들일 수 없는 것은 아니지만, 최소한 잘 작동하는 사법제도 아래에서는 설득력이 없다.

해악이 없는 한 표현을 규제할 필요가 없다는 데는 동의할 수 있다. 하지만 실제로 해악이 있는 허위사실이라면, 단지 정부의 오류 가능성 때문에 그것을 보호해야 할까? 연방수사국의 조사를 받는 사람이 자신의 경력에 대해 거짓말을 하거나, 이웃을 겁주려고 자신이 공무원인 척한다면, 또는 공무원 채용 지원서에 자신이 올림픽 출전 경력이 있다고 적는다면, 이런 거짓말로 인한 해악이 크지 않다고 하더라도, 처벌을 막기 위해 「수정헌법」 1조를 적용해야 한다는 게 그렇게 당연한 일일까?

진실의 위축

허위사실을 보호하는 다른 논리는 정부의 오류 가능성과 무관하다. 이 논리는 정부가 허위사실을 처벌 또는 검열할 수 있게 되면 사람들이 진실을 말하기도 꺼리게 된다는 것이다.

당신이 허위사실을 말할 경우 무거운 벌금을 내야 한다는 말을 들었다고 해 보자. 당신은 아예 말을 안 하게 될지도 모른다. 아주 확실한 것만 말하기로 마음먹고, 실제로는 진실인 다양한 일에 대해서도 입을 다물게 될 것이다. 아니면 입법부가 '진실한 정치법'이라는 새로운 법을 제정했다고 가정해 보자. 이 법은 언론이 공직 후보자에 대해 허위사실을 보도하는 것을 무엇이든 범죄로 규정한다. 기자들은 그들이 말해야 하는 것이 진실하고 중요할지라도 침묵을 선택하게 되리라고 쉽게 상상할 수 있을 것이다.

'앨버레즈 사건'에서 대법관 네 명은 이같이 밝혔다.

진실한 담화에 대한 관심 하나만으로도 표현에 대한 금지를 유
지하기 충분하다고 대법원이 결정한다면 (……) 그것은 본 법
원의 판례나 우리의 헌법적 전통에 비춰 볼 때 정부에 전례 없
이 광범위한 검열 권한을 주게 될 것이다. 그러한 권한의 행사라
는 단순한 가능성만으로도 위축효과가 발생하며, 표현·사상·토
론의 자유가 우리 자유의 토대로 남게 하려면 「수정헌법」 1조는
그러한 위축효과를 용인할 수 없다.[16]

이에 비춰 보면 '진실한 정치법'이나 '민주주의 수호법'에 대
해서는 더 다룰 것이 없다.

우리 모두는 민형사상 조치를 당할 수 있다는 단순한 가능성
만으로도 자기검열을 하게 된다. 물론 사법제도가 허위사실을
파악할 수 있는 완벽한 기술을 갖췄다면 이 문제는 줄어들 것이
다. SF 세계에서는(아마도 곧 실현될지도 모른다) 어떤 발언
이 진실인지 허위인지 법으로 확실하게 구별할 수 있고, 진실
이 처벌되는 일은 절대 없을 것이다. 그렇다면 사람들은 진실
을 말하는 한 처벌받지 않는다고 완벽하게 확신할 수 있을 것이
다.

그것은 진보라 할 수 있지만, 표현의 자유를 충분히 보호하는
것과는 거리가 멀다. 그 이유는 우리가 하는 발언 중 상당수는

확실하지 않기 때문이다. 우리에게는 **확실성의 단계**(degrees of certainty)가 있다. 우리는 지구가 태양 주위를 돈다고 믿지만, 전적으로 확실한 것은 아니다. 우리가 좋아하는 정치인이 그에 대해 최근 세기된 혐의와 무관하다고 생각하지만, 확신하지는 못한다. 우리는 어린이 백신 접종이 자폐증을 유발하지 않는다고 생각하고, 그것을 굉장히 확신하면서도 일말의 의구심을 가질 수 있다. 우리가 하는 많은 말을, 공적인 발언조차, 51퍼센트 확신하거나, 60퍼센트 확신, 80퍼센트 확신, 혹은 95퍼센트 확신할 수도 있다.

심지어 기자들도 충분히 확신하고 말하거나 쓰는 데 서로 다른 기준과 다양한 확실성의 단계를 취한다. 만일 허위사실이 처벌된다면 사람들은 본질적으로 확실한 것이 아닌 한 입을 열지 않을 것이다. 이는 말하는 사람은 물론 사회 전체에도 상당한 손해이다. 처벌 가능성을 앞에 두고 사람들은 침묵을 지킬 것이다. 자신이 생각하는 것이 올바른 경우에도 말이다. 자신이 올바르다는 것을 **알고 있는** 경우가 아닌 한 입을 다물어야 한다고 강요한다면 그것이 무슨 민주주의이고, 무슨 사회인가?

스티븐 브라이어 대법관은 이런 점을 염두에 두었던 것으로 보인다. 그는 "철학, 종교, 역사, 사회과학, 예술 등에 대한 허위진술을 금지하는 법은 [심각한] 우려를 불러일으키며, 많은 경우에 엄격한 심사가 필요하다"라고 강조했다.[17] 얼리토 대법관이 이 문제와, 제도적 오류 가능성에 관한 밀의 우려를 종합한 것은 옳다.

허위로 판단되는 발언을 처벌하려는 국가의 어떠한 시도도 진실한 발언의 억압이라는 중대하고 용납할 수 없는 위험을 초래하게 되는 광범위한 영역이 있다. 철학, 종교, 역사, 사회과학, 예술, 기타 공적인 관심사에 관한 허위 진술을 제한하는 법은 그러한 위협을 제기한다. 이들 분야에는 진실과 허위와 같은 것이 없다거나, 진실을 확실히 아는 것은 언제나 불가능하다는 게 요점이 아니다. 핵심은 국가가 진실의 판관이 되도록 허용하는 것의 위험성이다.[18]

이는 중요한 주장이다. (진실한) 정보는 단순히 발언자에게뿐 아니라 사회 전체에도 유익하다는 점을 강조하면 이 주장은 더 강화된다. 누군가 중요한 무언가를 발표한다면 많은 사람이 혜택을 볼 것이다. 우리가 표현을 보호하는 중요한 이유는 다른 시민들이 무엇을 말하는지 들을 수 있을 때 유익을 얻는 수많은 시민 때문이다. 물론 허위사실이 쓸모가 있기나 한지는 의문을 품을 만하다(이 문제는 다시 다루겠다). 하지만 허위사실을 억압하는 일이 진실 또한 억압한다면 우리는 여러 허위사실을 용인할 수 있다. 발언자를 위해서가 아니라 우리 모두를 위해서이다. 이 점은 요세프 라즈(Joseph Raz)가 훌륭하게 포착했다.

만일 사회적으로는 표현의 자유를 보장하지만 나 자신에게는 그 권리가 없는 사회와, 표현의 자유가 보장되지 않는 사회에서 나 자신은 그 권리를 누리는 것 가운데 내가 어느 곳에서 살지 선택해야 한다면, 나는 주저 없이 나의 개인적 이익이 첫 번째 사회에서 더 잘 보장되리라고 판단할 것이다.[19]

표현의 자유라는 원칙이 위축효과를 방지하기 위해 만들어진다면 당연히 발언자에게도 좋은 일이다. 말하는 사람은 권력자들을 두려워할 필요가 없어진다. 그게 중요하다. 하지만 더욱 커다란 목표는 알지 못하고 알 수도 없는 다른 이들을 돕는 것이다.

이 모든 게 맞는 말일 수 있지만, 위축효과가 결정적인 요소라고 생각하기 전에 잠시 멈춰 보자. 위축효과는 정말로 거짓말과 그 밖의 허위사실을 보호해야 하는 충분한 이유가 될까? 모든 거짓말을? 왜 위축효과가 무적의 카드가 돼야 하나? 위증을 금지하면 진실한 증언도 위축되므로 위증죄를 폐지해야 한다고 생각하는 사람은 아무도 없다(그러나 최소한 조금은 위축시킨다는 점은 의심의 여지가 없다). 허위광고에 대한 금지는 진실한 광고 역시 위축시키므로 그것을 철폐해야 한다면 조금 무모한 생각일 것이다(그러나 최소한 조금은 위축시킨다는 점에는 의심의 여지가 없다). 만일 사람들에게 연방 공무원을 사칭해서는 안 된다고 한다면 어떤 진실을 위축시킬 수도 있지만, 그건 정말로 큰 문제가 아니다. 흥미로운 판례 하나가 있다. 연방 대법원은 건설 계약자가 파산을 신청했다는 허위 보고서를 발행한 신용평가 회사를 상대로 계약자가 명예훼손 소송을 제기하는 것을 허용했다.[20] 대법원의 결정은 허위 평가뿐 아니라 진실한 평가도 가로막을 가능성이 크다. 하지만 그게 잘못된 평가를 허용해야 하는 충분한 이유는 아니다.

또는 위축된 발언이 굉장히 많은 허위와 약간의 진실을 담고 있다고 해 보자. 위축된 발언은 98퍼센트가 허위이고 2퍼센트가 진실이다. 그렇다면 허위사실의 금지가 과연 부당한지는 전혀 분명하지 않다. 위축효과를 어떻게 볼지 판단하려면, 우리는 위축효과가 얼마나 큰지, 진실을 위축시킴으로써 어떤 해악이 발생하는지와 함께, 허위사실을 위축시킴으로써 발생하는 이익도 알아야 한다. 허위사실을 금지하면 진실 또한 위축된다는 사실은 적절한 고려 사항이며, 결정적일 때도 많다. 우리는 거기서부터 출발해야 한다. 하지만 모든 허위사실을 표현의 자유에 따라 보호해야 한다는 주장을 정당화하기에는 충분하지 않다.

정리하자면, 필요한 것은 최적의 위축효과이다. 허위와 진실 모두에 어떤 일이 일어나는지를 고려해 딱 맞는 수준의 억제력을 찾는 것이다. 어떤 방식을 써서 매우 파괴적인 허위사실이 매우 많이, 그리고 별로 중요하지 않은 진실이 약간 위축된다면, 아마 우리는 그 방식을 채택해야 할 것이다. 진실에 대한 위축효과를 인식하는 것은 중요하지만, 그런다고 최적의 위축효과를 어떻게 이룰 수 있는지 알게 되는 것은 아니다.

살아 있는 진실

정부를 믿을 수 있다고 가정해 보자. 진실에 대한 위축효과도 적거나 미미하다고 해 보자. 그런 경우, 우리는 사실에 대한 허위 진술을 검열하는 것을 허용해야 할까? 이는 결국 다음과 같은 질문이 된다. 의문의 여지 없이 허위인 진술에도 사회적 가치가 있을까? 연방 대법원은 그렇지 않다고 자주 밝혔지만, 그것은 틀렸을 수도 있다. 하얀 거짓말이나 해악을 방지하기 위해 필요한 거짓말은 따로 생각하자. 어쩌면 허위 진술, 이를테면 역사나 과학에 관한 허위 진술은 우리가 무엇이 진실인지 아는 경우에도 도움이 될 수 있다. 심지어 우리가 사실을 분명히 알더라도 우리에게 꼭 필요하다고까지 말할 수도 있다. 밀의 생각에 따르면 허위 진술은 우리의 이해를 더욱 깊게 만들어 줄 가능성이 크다.

아무리 강력한 의견을 가진 사람이라도 자신의 의견이 틀릴 가능성을, 별로 내키지 않더라도 인정할 것이다. 이것을 생각하면 납득할 수 있다. 설령 진실이라도 그것이 완전히, 자주, 두려움 없는 토론의 대상이 되지 않으면, 그것은 살아 있는 진실이 아니라 죽은 도그마일 뿐이다. (……) 만일 다른 것보다 이해를 더 깊게 해 주는 한 가지가 있다면, 그것은 바로 자신의 의견이 무엇에 바탕을 두는지 배우는 것이다. (……) 어떤 사안에 관해 자신의 입장만 알고 있는 사람은 이해가 부족한 사람이다. 그가 가진 이유로 충분할 수 있고, 지금까지 반박한 사람이 없었을 수도 있다. 하지만 그 또한 반대 입장을 똑같이 반박할 수 없다면, 그것이 어떤 입장인지 잘 모른다면, 그에게는 두 입장 가운데 무엇이 더 나은지 판단할 근거가 없는 것이다.[21]

물론 죽은 도그마보다 살아 있는 진실을 믿는 것이 더 낫고, 틀린 (그리고 끔찍한) 말을 하는 사람들이 있다면 진실을 향한 우리의 신념에 훌륭하고 생산적인 방식으로 불이 붙을 수도 있다. 밀은 별도의 설명을 추가했는데, 허위 진술은 "진실과 오류가 충돌하게 만들어 진실에 관한 더욱 분명한 인식과 생생한 인상"을 가져다줄 수 있다는 것이다.[22] 밀의 지적은 많은 허위 진술에서 유효하다. 만약 달 착륙은 조작됐다거나 홀로코스트는 일어나지 않았다는 말이 나온다면, 사람들은 이런 사건에 대한 진실을 더 많이 배울 수 있다. 그러려면 이런 발언이 검열되지 않아야 한다. 교실을 생각해 보자. 학생들이 실수를 한다면 논의가 더욱 풍부해질 것이다. 허위사실은 진실을 돋보이게 한다. 그것에 생기를 준다.

일반적으로는 밀의 말이 맞다. 허위사실은 그 자체로 처벌이나 검열을 허용할 **결정적** 이유가 되어서는 안 된다고 충분히 주장할 수 있다. 하지만 우리가 다루던 더 넓은 주제로 돌아가자. 밀의 주장은 많은 문제를 다루기 불가능할 만큼 추상적이고 고고하다. 우선, 거짓말에는 전혀 해당이 안 된다.[23] 밀의 생각은 사람들이 실제로 자신이 생각하는 바를 말하는 경우만으로 제한돼 있다. 어떤 정치인이 실제로는 아니면서 자신이 메달 오브 아너를 받았다고 홍보한다고 해 보자. 그 정치인의 거짓말 덕에 사람들이 '살아 있는 진실'을 발견하게 됐다고 말할 수 있을까? 누군가 경찰을 사칭할 때, 그가 진짜로 경찰인지 사람들이 직접 알아봐야만 한다면 좋은 일일까?[24] 우리 이해를 증진한다는 이유로 공무원 사칭을 허용할 수 있을까? 또는 공무원 채용 지원자가 마약중독자라고 수사기관에 허위로 제보하는 경우는 어떨까? 그 제보가 허위라는 것을 수사관이 배울 수 있게 되므로 그런 제보를 허용해야 할까? 시프린은 이렇게 정리한다. "자신이 믿는 바를 남들에게 성실하게 설득하려는 사람들의 권리로부터, 고의로 허위 진술을 하려는 불성실한 사람들의 권리를 추론해 내기는 어렵다."[25]

거짓말쟁이 때문에 사람들이 더 많이, 더 잘 생각하게 된다는 건 사실이다. 어떤 약이 실제로 효과가 있는지에 대해, 미국사에 대해, 아니면 기후변화에 대해 누군가 거짓말을 한다면, 그 때문에 다시 생각하고 배우는 과정이 촉발될 수 있다. 그것은 밀의 주장과도 일치한다. 이 점을 통해 우리는 해악을 끼치지 않는 한 거짓말을 처벌해서는 안 된다는 명제를 지지할 수 있다. 하지만 해악이 있다면?

밀의 주장은 그 자체만 놓고 보자면, 인간이 가진 시간과 집중력에는 한계가 있다는 사실 때문에 설득력이 떨어진다.[26] 어떤 진술이 참인지 거짓인지 가려내는 데 상당한 노력이 필요한 점을 고려하면, 사람들은 그것을 그냥 믿을 수도 있다. 자신이 원래 가진 믿음과 들어맞는 경우에는 더욱 그렇다.[27] 많은 사람이 자기와 비슷한 생각을 가진 집단 속에서만 교류하는 온라인의 반향실 효과(echo chamber)는 문제를 더욱 심화시킨다. (이것도 뒤에 살펴보겠다.)

사람들은 허위로부터 배울 수 있고, 죽은 도그마보다는 살아 있는 진실이 훨씬 낫다는 밀의 말은 옳다. 허위사실 덕에 사람들은 긴장을 늦추지 않고, 따라서 진실을 살아 있게 만든다고 강조한 것도 맞는 말이다. 하지만 여기서도 마찬가지로, 그의 주장이 고의적이든 아니든 모든 종류의 허위사실을 보호해야 한다는 확실한 근거를 제공하는 것은 아니다. 허위사실이 명백하고 임박한 해악을 낳을 위험이 있을 때에는 그의 주장이 특히 부적절하다.

다른 사람의 생각 알기

밀이 강조하지는 않았지만 연관된 내용이 있다. 허위사실을 들을 때 사람들은 다른 사람이 무슨 생각을 왜 하는지 더 잘 알게 된다. 코로나19는 가짜이다, 백신은 자폐증을 일으킨다, 버락 오바마 대통령은 미국에서 태어나지 않았다, 미국이 9·11 공격을 일으켰다 같은 말을 많은 동료 시민이 믿는 것을 알게 되면 사람들은 알아야 할 중요한 것을 배우게 될 것이다. 남들이 실제로 무슨 생각을 하는지 모르는 것을 의미하는 '다원적

무지(pluralistic ignorance)'는 심각한 문제가 될 수 있다.[28]

허위사실을 말하고 쓸 수 있다면 사람들은 사회 내의 의견 분포, 즉 남들이 실제로 믿는 것이 무엇인지 감을 더 잘 잡을 수 있을 것이다. 이것은 굉장히 유익하다. 먼저, 사람들은 자기 자신의 견해가 반드시 올바르지 않을 수도 있다는 깨달음을 얻을 수 있다. 확신의 벽을 깨뜨릴 수 있는 것이다. 그 외에도 이를 통해 사람들은 중요한 정보를 얻을 수 있다. 많은 동료 시민이 지구는 평평하다거나 기후변화는 중국 정부가 발명해 낸 사기라고 믿는다면, 그것을 알게 되는 것도 유익한 일이다.

다시 말하는데, 이는 아무 허위사실이나 모두 허용해야 한다는 데 결정적인 주장이 아니다. 이 주장은 사람들이 진지하게 견지하지만 틀린 믿음에 대해 말할 때 유용하지, 거짓말을 보호할 이유로 이해하기에는 매우 힘들다. 이 주장은 위증이나 허위광고의 보호를 정당화하지 않는다. 심지어 진지하지만 틀린 믿음에 대해서도 부적절하다. 다른 사람의 생각을 알게 됨으로써 얻는 유익함보다 허위사실이 퍼지도록 허용함으로써 드는 비용이 더 클 수도 있다. 단지 그런 유익함이 있다는 것만 알아 두자.

금지보다 반론

마지막 주장은 매우 실용적이다. 허위사실을 금지하거나 처벌하면 그런 믿음은 그냥 지하로 숨을 뿐이다. 양지로 나오지 않는다. 허위사실은 단지 금지됐다는 바로 그 이유만으로 더욱 힘을 얻을 수 있다. 허위사실의 힘을 빼는 게 목표라면, 허위사실에 약간의 숨 쉴 공간을 주고, 사람들이 그것을 반론과 함께 접하도록 하는 게 최선의 방법일 것이다.

독일처럼 홀로코스트를 부정하는 것을 금지하는 법을 만들 수도 있다. 독일의 역사를 생각하면 그런 법을 만드는 것도 합리적이다. 홀로코스트를 부정하면 반유대주의를 부추길 수 있는데, 금지를 통해 실제 위험을 낮출 수 있을 것이다. 하지만 추상적으로는, 금지를 지지하는 바로 그 사람들 입장에서도 표현의 자유를 보장하는 게 더 나을 가능성을 배제할 수 없다. 한 가지 이유는, 표현에 대한 억압은 그 표현이 담고 있는 바로 그 허위사실에 사람들이 더욱 강하게 집착하게 만들 수 있기 때문이다. 또 다른 이유는 억압 때문에 일종의 금단의 열매가 만들어져서, 그런 허위사실이 더욱 매력적으로 보일 수 있기 때문이다. 또 한 가지 이유는 억압이 개인의 자율성에 대한 공격으로 여겨질 수 있기 때문이다. 사람들이 입을 다물게 할 것이 아니라, 그들을 설득하는 게 더 낫지 않을까?

이제는 익숙한 대답이겠지만, 구체적인 문제를 해결하기에 위와 같은 주장은 너무 추상적이다. 홀로코스트를 부정하는 주장에 산소를 공급하는 게 좋은 생각일까? 독일에서? 모든 나라에서? 전혀 분명하지 않다. 사람들이 하는 거짓말에 적용할 수 있는지도 불분명하다. '앨버레즈 사건'을 생각해 보자. 메달 오브 아너를 받았다고 허위로 주장하는 사람이 있다면, 그런 주장을 지하로 숨게 하는 게 그렇게 나쁜 생각인가? 사람들이 자신도 믿지 않는 말을 하는 경우라면, 그들의 거짓말이 지하로 들어가지 않도록 보호해야 한다는 명제를 정당화하기는 어렵다.

해악의 비교

2장의 표로 돌아가자. 허위사실이 금지된다면 그것이 단순히 허위사실이기 때문만이 아니라, 실제로 해악을 초래할 위험이 있기 때문이다. 사람들이 가득 찬 극장에서 거짓말로 "불이야" 하고 외치는 것은 단순한 허위가 아니다. 그것은 심각한 피해를 일으킬 확률이 높아 위험하고, 현실적으로 생각하면 피해를 막기 위해 제때에 할 수 있는 일이 거의, 혹은 전혀 없다. 어떤 허위사실은 '명백하고 현존하는 위험(clear and present danger)'을 초래한다.[29] 지금부터 언급할 이 '명백하고 현존하는 위험'이라는 심사 기준은 원래 광범위한 규제를 허용하는 것으로 이해됐다. 그러나 이제는 보통 '브랜던버그 대 오하이오(Brandenburg v. Ohio)[30] 사건'에서 훨씬 엄격한 심사 기준으로 바뀐 것으로 이해된다. 이 사건에서 대법원은 "산업적 또는 정치적 개혁을 이루는 수단으로서 범죄, 사보타주, 폭력, 또는 불법적인 테러 행위를 벌일 의무, 필요성, 또는 범죄의 적절성을 (……) 옹호하는 것"을 범죄로 규정한 법을 철폐했다. '브랜던버그' 심사 기준은 표현의 자유를 매우 강하게 보호한다. 이 기준에 따르면, 표현에 대한 규제는 ① 해당 표현이 즉각적인 불법행위를 일으키려고 의도한 경우, **그리고** ② 즉각적인 불법행위가 일어날 것으로 예상되는 경우에만 허용될 수 있다. '그리고'라는 단어가 아주 중요하니 주목하자. 즉 표현의 제한을 정당화하기 위해서는 '브랜던버그' 심사 기준의 두 가지 조건 모두를 충족해야 한다.

2020년 기준으로 연방 대법원이 어떤 표현이든지 이 심사 기준에 따라 규제를 허용한 사례는 하나도 없다. 그럼에도 이 기준을 만족하고 따라서 그 이유로 규제할 수 있는 어떤 허위사실을 상상해 볼 수는 있다. 더군다나 '브랜던버그' 심사 기준은 상업광고나 범행 교사와 같이 '가치가 낮은' 유형에 속하는 어떤 표현들에는 적용되지 않는다. 아마 이 심사 기준은 이렇게 수정할 수 있을 것이다. 만일 허위사실이 즉각적인 **해악**을 일으킬 가능성이 높고, 일으킬 것을 의도한 것이라면, 허위사실은 그 이유로 규제될 수 있다(불법행위가 아니라고 해도). 이 심사 기준은 대단히 합리적으로 보인다. 아니면 한발 더 나아가 이런 조건을 추가할 수도 있다. 만일 허위사실이 정말로 해악을 끼칠 가능성이 크다면, 그것이 즉각적인 해악이 아니라도 규제할 수 있다.

하지만 규제를 위해서는 일단 즉각적인 해악이 필요하다고 해 보자. 그렇다고 해도 많은 허위사실이 규제 대상에 포함돼야 한다. 코로나19는 가짜라는 주장은 공중보건에 즉각적인 위협이 된다. 위증을 한다면, 예를 들어 실제로는 본 적이 없으면서도 범죄 현장에서 피고인을 봤다고 말한다면, 불공정한 판결이

나올 가능성이 즉시 높아진다. 누군가 정부 요원을 사칭해 다른 사람에게 어떤 행동이나 진술을 요구한다면, 즉각적인 해악이 발생한다. 만일 누군가 어떤 질병을 고치는 것이라며 허위로 상품을 판다면, 사람들이 거기에 돈을 낭비할 (그리고 질병을 치료할 적절한 조치를 취하지 못할) 즉각적인 위험이 있다. 이 모든 발언은 법으로 이미 금지돼 있다. 실제로 법이 금지하는 많은 허위사실은 (각각이 불법행위가 아니라도) 일종의 명백하고 현존하는 해악의 위험을 초래한다.

하지만 좀 덜 해로운 허위사실의 진술에 대해서는 이렇게 말하기 어렵다. 예를 들어 어떤 사람이 이웃에게 자기 개는 순종 래브라도레트리버라고(실제로는 잡종인데) 말한다고 해 보자. 아니면 주말에 있었던 테니스 경기에서 자기가 얼마나 잘했는지 실제보다 과장해서 얘기한다고 해 보자. 앞서의 주장을 염두에 두면, 아무런 피해를 실제로 끼치지 않는 허위 진술의 경우 규제될 수 없다는 데 우리는 순순히 동의할 것이다.

많은 허위사실이 명백하고 현존하는 위험을 일으킨다고 할 수 없지만, 그럼에도 해롭다는 점을 강조하는 것은 중요하다. 위험이 '명백'하지 않을 수 있다. 가능성이 크지 않다는 의미에서 그렇다. 위험은 '현존'하지 않을 수 있다. 즉각적이지 않다는 의미에서 그렇다. 2장에서 나는 원칙적으로, 중요한 것은 해악의 기댓값이라고 주장했다. 기댓값은 해악의 확률과 해악의 규모를 곱한 것이다. 40퍼센트 확률로 거대한 재앙을 일으킬 수 있는 허위사실은 80퍼센트 확률로 사소한 나쁜 일을 생기게 하는 허위사실보다 규제할 명분이 더 강하다. 내일 일어나는 피해는 1년 뒤의 피해보다 더 나쁘겠지만, 1년 뒤의 피해도 무시할 수는 없다. 합리적인 정부라면 5년 뒤에 거대한 재앙이 일어날 수 있는 작은 위험도 무시하지 않는다.

이 점은 현실 세계의 사례에 직접 적용할 수 있다. 홀로코스트 부정론은 반유대주의에 불을 붙일 수 있다. 지금 당장이 아니라도 말이다. 9·11 공격을 미국이 일으켰다는 주장은 대테러 작전의 신뢰를 훼손한다. 지금 당장이 아니라도 말이다. 대통령이나 대통령 후보에 대한 허위 주장은 민주적 정당성을 훼손하거나 더 나쁜 결과를 가져올 수 있다. 그것이 즉각적인 해악을 일으킨다고 할 수는 없더라도 말이다. 이런 사례를 어떻게 다뤄야 할까? 밀의 우려와 앞서 다룬 논의를 염두에 두고, 우리는 다음과 같은 원칙을 제안할 수 있다.

허위사실이 심각한 해악을 초래할 위험이 있고, 표현의 자유를 좀 더 보장하면서도 그런 해악을 막을 수 있는 다른 방법이 없다는 점을 정부가 증명할 수 없다면, 그 허위사실은 헌법적 보호를 받는다.

이 원칙은 합리적으로 보이고, 이보다 더 나은 단순한 대안을 찾기 어렵다. 현실 세계에서 이 원칙은 출발점으로 삼기에 충분히 합리적이다. 정부뿐 아니라 방송국, 신문, 페이스북과 트위터 같은 소셜미디어 사업체들에도 적용된다. 물론 아직도 몇 가지 중요한 질문에 대한 답은 나오지 않았다. 이 원칙은 거짓말에도 적용되는가, 아니면 거짓말은 순전한 실수보다 덜 보호받아야 하는가? '심각한 해악을 초래할 위험'이라는 문구는 구체적으로 무엇을 의미하는가?

구체적인 사례와 함께 이들 쟁점을 다시 싶어 보겠다. 하지민 그 전에, 이번에는 믿음이 어떻게 형성되는지를 살펴보자.

chapter

6

가짜뉴스가
더 빠르다

왜 사람들은 잘못된 사실을 믿을까? 왜 그것들을 무시하지 않을까? 그 이유는 상당 부분 이렇게 설명할 수 있다. 대체로 우리는 다른 사람을 믿는다. 사람들이 우리에게 뭔가 이야기할 때, 우리는 그들이 진실을 말한다고 생각한다. 물론 어떤 사람들에 대해서는 믿을 수 없다고 여기기도 한다. 아마도 그들이 그렇게 행동해 왔기 때문이거나 우리가 믿지못하는 집단에 속해 있기 때문에 그럴지도 모른다. 하지만 보통은 다른 사람을 믿지 말아야 할 때조차 믿는다. 상대방이 한 말이 거짓이라는 명백한 증거에 우리는 너무 신경을 쓰지 않는다. 상황에 따라 거짓을 무시하지 못하는 것이다.

진실 편향

이런 일반적인 현상을 가리켜 '진실 편향(truth bias)'이라고 한다.⁰¹ 사람들은 자신이 들은 것을 믿지 않을 이유가 충분한 경우에조차 그것을 진실이라고 생각하는 경향이 있다. 자신이 제공받은 정보가 거짓이라고 분명히 명시된 경우에도 그 정보를 바탕으로 판단을 내릴 수 있다. 비슷한 사례로, 참이라고 분명하게 명시된 진술을 거짓으로 잘못 기억하기보다, 거짓이라고 분명하게 명시된 진술을 참이라고 잘못 기억하는 경우가 더 많다.

그러니까 어떤 공직자가 거짓말쟁이이고 사기꾼이라는 말을 듣는다면 당신의 마음속 어딘가에서는 그 말을 계속 믿는다는 얘기다. 설령 그 공직자가 결백하다는 것을 당신이 알고 있다고 해도 말이다. (2016년에 힐러리 클린턴에 대한 끊임없는 공격이 먹힌 것도 이런 이유이다. 사람들은 그게 거짓말이라는 것을 알고 있었는데도 그랬다.) 그리고 55세 이하라면 팬데믹에 대해 전혀 걱정할 필요가 없다는 말을 듣는다면, 최소한 마음 한구석에서는 그 말을 계속 믿으려고 할 것이다. 55세 이하인 사람들도 실제로 아플 수 있다는 설명을 들은 뒤에도 그럴 수 있다.

이 밑바탕에 깔린 문제가, 말이 좀 어렵지만, '메타인지적 근시안(metacognitive myopia)'이다.⁰² 이는 기본적으로, 우리가 '1차 정보'에 훨씬 주목한다는 뜻이다. 일기예보에서 오늘은 춥다고 하거나, 공직 후보자가 자신은 참전 용사라고 주장하거나, 유명한 TV 스타가 마약을 복용했다고 지역신문에 났다거나 하는 정보들이다. 이와 대조적으로 우리는 '메타정보', 다시 말해 1차 정보가 정확한지에 관한 정보에는 훨씬 덜 주목한다. 앞서 말한 일기예보가 농담이었다든지, 공직 후보자가 표를 얻으려고 자신의 기록을 왜곡했다는 분명한 신호를 받는다면, 당신은 그런 신호를 아예 무시하지는 않을 것이다. 하지만 당신이 대다수 사람과 비슷하다면, 그 신호에 마땅히 써야 하는 것보다 신경을 덜 쓸 것이다.

진화론적 설명은 추정에 그칠 때가 많지만, 그럼에도 진실 편향에 대한 합리적인 설명을 제공한다. 수렵채집사회에서 생존은 자신의 감각, 혹은 다른 사람에게서 받은 신호에 어떻게 반응하느냐에 따라 결정될 때가 많았다. 호랑이가 당신을 쫓아온다면 일단 도망쳐야 한다. 당신의 친구들과 이웃이 뛰고 있다면 당신도 뛰는 게 낫다. 그 신호가 믿을 만한지에 관한 신호를 확인하는 것은 급한 일이 아니다. 물론 메타인지도 중요하지만, 1차 정보가 가장 중요하다. 진실 편향이 일어나는 데에는 이것으로 충분하다.

진실 편향의 존재를 확실히 보여 주는 것으로, 옥스퍼드의 머토 팬터지(Myrto Pantazi), 브뤼셀 자유대학의 올리비에 클랭(Olivier Klein), 미하일 키신(Mikhail Kissine)으로 이뤄진 연구팀의 작업을 살펴보자.[03] 복잡한 연구이지만 정리하자면, 팬터지와 동료들은 다수의 참가자들에게 두 형사사건의 피고인에 관한 정보를 주었다. 참가자들은 그들이 받은 정보 중에서 어떤 특정한 문장과 관련된 것은 잘못되었다고 분명히 전달받았다. 이어서 참가자들에게 피고인에 대한 적절한 형량이 얼마인지, 피고인이 얼마나 위험한 인물인지 설명하도록 했다. 핵심 주제는 사람들이 거짓이라고 들은 정보를 적절하게 무시할 수 있는지, 그래서 그들의 판단에 영향을 끼치지 않도록 할 수 있는지였다.

답은 그렇지 않다는 것이었다. 사람들은 피고인에 대한 부정적인 정보를 얻으면, 그것이 진실이 아니라고 명확하게 지적을 받았을 때조차 그 정보에 영향을 받았다. 연구자들은 이렇게 설명했다. "배심원들은 해당 증거가 거짓이라는 점을 분명히 알고 있더라도 그들이 접하는 증거에 따라 피고인에 대해 판단할 수 있다." 다른 연구와 마찬가지로, 연구자들은 참가자들이 거짓인 증거를 참이라고 잘못 기억하는 경우가, 참인 증거를 거짓이라고 잘못 기억하는 경우보다 더 많은 경향이 있다는 점도 발견했다.

팬터지와 동료들은 직업 법관을 대상으로도 똑같은 실험을 했다. 놀랍게도 그들은 기본적으로 같은 결과를 얻었다. 숙련된 법관이라도 형사피고인에 대한 잘못된 정보가 그 결론에 영향을 끼칠 수 있다. 그리고 그 증거가 진실하다고 기억할 수 있다. 특히 부정적인 정보는 사람의 마음에 일종의 도장을 찍어서, 그것을 지우기는 쉽지 않다.

이 실험은 법에 관한 것이지만 의미는 훨씬 크다. 당신이 낯선 도시에 있고, 사람들에게 길을 묻는다고 가정해 보자. 당신은 아마도 사람들이 당신을 헤매게 하지 않고 진실을 말해 주리라고 생각할 것이다. 사실 사람들이 거짓말하고 있다고 믿게 만들기는 꽤나 어려울지 모른다. 대개의 경우, 우리 대부분은 인류의 다른 구성원들이 진실을 말한다고 생각한다. 그게 우리의 기본 가정이다. 덧붙이자면 이것은 광고가 효과를 내는 이유 중의 하나이다. 광고를 그냥 믿기에는 우리가 많은 것을 알고 있는데도 그렇다.

앞서 지적했듯, 우리가 다른 사람들이 진실을 말한다는 가정을 따르지 않는 시기와 장소도 있다. 어떤 사람들은 거짓말쟁이라는 것을 알고 있다. 자기 자신만 신경 쓰고 우리에게는 관심이 없는 사람들이라면 우리는 그들을 믿지 않을 것이다. 우리는 광고에 나오는 말이 친한 친구가 하는 말과 똑같은 신뢰도를 갖는다고 생각하지 않는다. 하지만 인터넷이나 신문에서 무엇을 읽을 때, 우리는 그것이 틀렸다는 분명한 신호를 무시하거나 가볍게 여길 때가 많다.

허위사실이 진실보다 빨리 퍼진다

이쯤에서 다음과 같은 점을 강조하는 게 좋을지도 모르겠다. 우리와 관계있는 많은 상황에서 허위사실은 진실과 마주하게 된다는 점이다. 앞서 봤듯이, 이것은 거짓말을 보호해야 한다는 주장의 기초이다. 이에 관한 논쟁에서 '반론'이라는 말은 일종의 무적의 카드처럼 사용된다. 연방 대법원이 이 카드를 쓰고, 소셜미디어 플랫폼들도 마찬가지다. 하지만 증거를 살펴보면, 어떻게 따져 봐도 허위사실이 진실보다 더 널리 퍼진다. 그렇다고 진실이 승리하지 못한다는 뜻은 아니다. 하지만 사상의 자유 시장과 민주적 자치라는 이념을 믿는 사람들에게 이것은 심각한 문제이다.

MIT의 소로시 보수기(Soroush Vosoughi), 데브 로이(Deb Roy), 시넌 애럴(Sinan Aral)이 수행한 관련 연구는 2006년부터 2017년까지 트위터에서 널리 퍼진 루머의 '폭포들(cascades)'로 이뤄진 방대한 자료에 기초했다. 이 루머들은 모두 팩트체크가 끝난 것들이다.[04] 종합해 보니 약 12만 6000개 루머 폭포들이 300만 명에게 450만 번 이상 퍼졌다.

진실이 허위사실보다 더 강한지 알아보기 위해 연구자들은 독립 기관 여섯 곳(Snopes.com, PolitiFact.com, FactCheck.org, TruthOrFiction.com, Hoax-Slayer.com, UrbanLegendsOnline.com)에서 팩트체크한 루머들을 살펴봤다. 이들 루머에 관해 각 기관들은 최소 95퍼센트 같은 결론을 내렸다. 면밀한 통계적 기법을 사용한 뒤, 보수기와 동료들은 "모든 부류의 정보에서 허위사실은 진실보다 훨씬 멀리, 빠르고, 깊고, 더 넓게 퍼졌다"라는 점을 발견했다. 예를 들어 허위사실이 1500명에게 퍼지는 시간은 진실보다 여섯 배 빨랐다. 그리고 허위사실은 경제, 과학, 연예 영역에서 진실보다 더 강했지만, 가장 차이가 컸던 분야는 정치였다. 중요한 점으로, 허위사실을 퍼뜨리는 것은 '봇'뿐만이 아니었으며, 그것이 대부분을 차지하지도 않는 것으로 파악됐다. 보수기와 동료들은 봇을 찾아내는 알고리즘을 이용해 모든 봇을 확인하고 제거한 뒤 분석을 다시 했지만, 모든 결론은 그대로 유지됐다. 인간은 진실보다 허위사실을 훨씬 더 퍼뜨리는 것으로 보인다.

보수기와 동료들의 관찰에 따르면 그 이유는 새로움 때문인 것으로 보인다. 새로운 정보가 더 퍼질 가능성이 높다는 가정은 합리적이다. 이 가정은 허위사실이 상대적으로 더 널리 퍼지는 이유를 설명해 주는 듯하다. 트위트가 새로운 정보를 담고 있는지 판단하는 다양한 기법을 사용한 끝에, 연구자들은 "유언비어가 진실한 소문보다 훨씬 더 새롭다"라고 결론 내렸다. 또 심리학자들은 소문이 특정한 감정, 이를테면 혐오 같은 것을 만들어 낼 경우 더 널리 퍼진다는 점을 발견했다.[05] 보수기와 동료들은 진실한 소문과 유언비어에 달린 댓글이 어떤 감정을 담고 있는지 비교했다. 그 결과 진실은 슬픔, 신뢰, 기대를 더 많이 낳고, 허위사실은 놀라움과 혐오를 더 많이 낳았다.

놀랍고도 중요한 발견이지만, 우리는 몇 가지 의문을 제기할 수 있다. 보수기와 동료들이 보인 것은 허위사실이 진실보다 더 널리 퍼진다는 게 아니다. 더 정확하게 말하면 독립적인 팩트체크 기관에서 검증한 널리 알려진 루머 중에 특히 허위사실이 더 많이 퍼질 가능성이 있음을 발견한 것이다. 하지만 독립적 팩트체크 기관에서 검증하는 것은 허위사실과 진실 모두 매우 작은 부분에 불과하다. 그 작은 부분 중에서는 허위사실이 특별히 도발적이고 흥미로울 수 있다. 무엇보다 정치 영역에서는 더 그렇다. 이런 반론을 예상하고 보수기와 동료들은 팩트체크 기관에서 검증하지 않은 루머들의 '폭포' 샘플을 학생들에게 연구하도록 했다. 결론의 핵심은 여전히 유지됐다. 허위인 루머가 진실한 루머보다 더 빨리 퍼진다.

아직은 확인해야 할 것이 더 남아 있다. 어떤 허위사실이 더 퍼지는가, 허위사실이 진실보다 더 빨리 퍼지는 이유는 무엇이며 어떨 때 그러한가, 그리고 (가장 중요한 것으로) 널리 퍼진 수많은 허위사실 가운데 사람들이 가장 많이 믿는 것은 무엇인가(그리고 누가 그것을 가장 믿는가). 허위사실이 퍼진다는 사실 자체가 허위사실에 영향력이 있다는 뜻은 아니다. 그것은 소설(또는 공포영화)처럼 소비되는 것일 수도 있다. 그러나 대체로 허위사실은 확실히 매력적이고 생생하다. 왜냐하면 허위사실은 새롭고 흥미로우며 예상을 벗어날 때가 많기 때문이다. 또 허위사실이 분노와 혐오를 비롯해 어떤 감정적 반응을 일으킬 경우, 머지않아 수많은 사람이 그 허위사실에 접하게 된다는 것도 분명하다. 이런 점이 진실 편향과 만나게 되면 상당한 문제가 일어난다. 만약 허위사실이 특히 더 퍼지기 쉽고, 사람들은 자신이 듣는 것을 진실이라고 생각하는 경향의 편향이 있다면, 사람들이 허위사실을 믿을 위험은 극적으로 커진다. 이는 허위사실을 보호하는 것이 왜 중요한지에 관한 밀의 생각에 심각한 문제가 된다.

정정의 효과

표현의 자유가 있는 한, 허위사실이 아무리 퍼지더라도 언제든 정정할 수 있지 않느냐고 되묻는 것은 자연스러운 반응이다. 하지만 정정이 효과가 있을까? '그렇다'고 간단하게 답하기 어렵다는 수많은 증거가 있다. 정정이 물론 효과가 있을 때도 있다. 하지만 어떨 때는 효과가 미미하거나 전혀 없을 때도 있다. 게다가 때로는 역효과를 내서, 정정 때문에 사람들이 원래 품고 있던 잘못된 믿음에 더욱 집착하게 된다.

다트머스대학의 정치학자 브렌던 나이한(Brendan Nyhan)이 동료 두 명과 함께 수행한 유명한 연구가 그 답을 찾는 데 도움이 된다.[06] 참가자들 중 한 그룹에는 2009년의 뉴스 기사를 제공했다. 이 기사는 「건강보험개혁법(Affordable Care Act)」을 두고 이 법이 '사망선고위원회(death panels)'를 설치했으며, 관료들을 포함한 이 위원회가 노인들이 "치료를 받을 가치가 있는지" 결정하는 권한을 갖게 됐다는 세라 페일린 전 알래스카 주지사의 주장을 담았다. 다른 그룹에는 같은 기사를 제공했지만 다음과 같은 정정 문구를 덧붙였다. "정치권과 관련 없는 보건의료 전문가들은 페일린의 주장이 틀렸다는 결론을 내렸다." 연구의 핵심 질문은 이것이었다. 정정 문구가 과연 효과가 있을까? 정정 문구를 본 사람들은 「건강보험개혁법」이 사망선고위원회를 소집한다는 주장을 덜 믿을까?

놀랍지도 않게, 정정 문구는 페일린을 높이 평가하는 사람들보다 그녀를 안 좋아하는 사람들에게 더 설득력이 있었다. 특히 정정 문구는 페일린을 좋아하지만 정치적 지식(대통령이 연임할 수 있는 횟수 등 일반적 질문에 대한 답변으로 측정)이 많지 않은 참가자를 동요시키는 경향도 있었다.

연구에서 가장 흥미로운 지점은 다음이다. 페일린에게 우호적이고 정치적 지식이 많은 사람은 정정 문구에 설득되지 않았다. 반대로, 페일린이 맞다고 오히려 더 믿게 만드는 것으로 보였다. 정치적 지식이 없는 페일린 지지자들은 정정 문구를 통해 사망선고위원회라는 페일린의 주장이 틀렸다고 믿는 경향이 있지만, 정정 문구가 지식이 있는 페일린 지지자들을 설득하는 데에는 대체로 실패했다. 이들 지지자들에게 정정 문구는 오히려 역풍을 일으켰다.

이에 대해 두 가지 설명이 가능하다. 첫째, 정치에 대해 많이 아는 사람은 자신의 믿음에 감정을 쏟을 가능성이 높다. 이런 믿음을 약화하거나 없애려는 시도는 화나 분노를 일으킬 수 있고 따라서 역풍을 불러온다. 동기부여된 믿음의 경우 이를 없애는 것은 어렵고, 그러려는 시도는 역효과를 낼 수 있다. 둘째, 정치적 지식이 많은 경우 자신이 아는 것이 실제로 진실이라고 생각할 가능성이 높고, 따라서 그것이 아니라고 설득하기란 매우 어렵다. 정정 문구는 오히려 의심을 더욱 높일 것이다. 그게 진실이 아니라면, 뭐 하러 힘들게 그게 아니라고 얘기하고 다니는 거지? 종합적 결론은 간단하면서도 불편하다. 지식이 많고 특정 메신저를 불신하는 사람은 사실을 정정해 줘도 영향을 받지 않을 것이다. 그들이 믿는 것이 거짓으로 밝혀져도 말이다. 정정의 효과는 오히려 그들이 애초에 가진 믿음을 강화하는 것일지 모른다.

다만 역풍 효과가 항상 일어나는 것은 전혀 아니라는 점도 강조할 필요가 있다.[07] UN 회원국이 183개국이라고 생각하는 사람에게 실제 회원국은 193개국이라고 알려 주면 대부분은 생각을 바꾼다. 인도의 인구가 중국보다 많다고 생각하는 사람에게 중국 인구가 세계에서 가장 많다고 알려 주면 그 사람은 새로 들은 사실을 통해 배울 것이다(다만 UN은 2023년 4월쯤 인도 인구가 중국 인구를 추월할 것으로 전망했다—옮긴이). 독일의 수도가 프랑크푸르트인 줄 알던 사람이 실제 수도는 베를린이라는 글을 읽으면, 새삼스러운 열정으로 독일의 수도는 프랑크푸르트라고 우기지 않을 것이다. 중요한 것은 자기의 원래 의견이 아주 좋은 근거라는 생각에서 출발하는지 그러지 않는지 여부이다. 또 자기 의견을 유지하고 싶고 버리기 싫어하는, 의견에 대한 강한 정서적 애착 여부도 중요하다. 끝으로 정보 출처에 대한 신뢰 여부도 중요하다.

종합하자면 사실적 문제에 관한 한 매우 넓은 영역에서 신뢰할 만한 정보원이 제공하는 정정은 실제로 효과가 있다. 그러나 중요한 부류의 문제, 아마도 공중보건이나 민주주의 자체에 관한 문제들이 될 텐데, 이 경우 잘못된 진술에 대한 믿음이 지속될 수 있다. 이런 이유로, 허위사실은 교정된 듯이 보여도 장기적으로 영향을 미칠 수 있다.

타인에게 배우기

"당신은 누구를 믿겠는가? 나인가, 아니면 거짓을 말하는 당신의 눈인가?" 그루초 막스(Groucho Marx)의 말로 알려진 이 유명한 질문은 사회적 영향력의 힘을 보여 준다. 우리 눈은 거짓말할 것 같지 않다. 하지만 그렇게 믿게 될 수도 있다. 솔로몬 애시(Solomon Asch)가 수행한 매우 실감 나는 연구에서 사람들은 자신의 감각으로 얻은 직접적 증거를 기꺼이 포기했다.[08] 명백한 거짓조차도 받아들였다. 한마디로, 사람들은 가짜뉴스를 흔쾌히 받아들였다. 사람들은 자신의 거짓말하는 눈을 믿지 않거나, 적어도 믿지 않는다고 말했다.[09]

애시의 유명한 실험에서는 커다랗고 하얀 판에 일정 길이로 선을 그었다. 참가자들의 과제는 그 선과 길이가 같은 선을 또 다른 하얀 판에 그어진 세 가지 선 중에서 골라 '맞히는' 것이었다. 두 번째 하얀 판에 그어진 선 가운데 한 개는 실제로 원래의 선과 길이가 같았다. 다른 두 개는 눈에 띄게 달랐는데, 대략 2센티미터에서 4.5센티미터까지 차이가 났다. 선 맞히기에 참여한 여덟 명 가운데 진짜 실험 참가자는 한 명이었다. 참가자는 몰랐지만 나머지 사람들은 실제로는 애시의 협조자들로, 실험의 일부로 참여하고 있었다.

실험은 다음과 같은 방식으로 진행됐다. 처음 두 문제에서는 모든 사람이 정답을 골랐다. 솔직히 말도 안 되게 멍청한 실험처럼 보였다. 하지만 세 번째 문제에서 '예상치 못한 소동'이 시작됐다.[10] 실험 참가자나 정상적인 사람이라면 누구에게나 오답인 것이 명백한 답을 다른 사람들이 고른 것이다. 그들은 문제의 선보다 확실하게 길거나 짧은 선을 선택했다. 이런 상황에서 참가자는 선택의 기로에 놓인다. 자신의 독자적인 판단을 유지할 것인가, 아니면 대중을 따를 것인가. 많은 사람이 결국 다수를 따랐다. 일반적인 상황에서 참가자들의 오답률은 1퍼센트가 되지 않았다. 하지만 다른 사람들이 오답을 제시했을 때 참가자들의 오답률은 36.8퍼센트에 달했다. 실제로 열두 문제가 이어지는 동안 참가자의 70퍼센트 정도가 최소한 한 번씩은 자신의 감각에 기초한 증거를 무시하고 다른 사람들에게 동조했다. 그들은 사실에 대한 잘못된 진술을 듣고, 공개된 장소에서 그것에 기꺼이 동의했다.

다른 연구에서는 허위사실 유포와 직접 관련되는 동조현상의 중요한 요소가 확인됐다. 그것은 참가자가 인식하는 실험 협조자들과의 관계, 그리고 특히 **참가자가 자신을 그 협조자들이 속하는 집단의 일원으로 생각하는지의 여부**였다. 공개된 환경에서, 참가자가 자신을 실험 협조자들(예컨대 모두 가톨릭교도, 혹은 모두 민주당원)과 같이 합리적으로 구분되는 집단의 일원으로 여길 때 동조현상, 그리고 오답률은 극적으로 **증가했다.**[11]

대조적으로, 공개된 환경에서 참가자가 자신은 실험 협조자들(예컨대 모두 성공회 신자, 혹은 모두 공화당원)과 다른 집단에 속한다고 인지할 때 동조현상, 그리고 오답률은 극적으로 **감소했다.**[12] 주목할 점은, 나중에 익명으로 제출된 개인 의견은 참가자가 자신을 다른 실험 참가자들과 같은 집단의 일원으로 인지하는지의 여부와는 관계없이 동조현상에 영향을 받지 않았다는 것이다.

왜 사람들은 때로 자신이 직접 인식한 증거도 무시할까? 왜 명백한 거짓을 받아들일까? 주요하게는 정보와 사회적 압력 두 가지로 설명할 수 있다. 애시의 실험 참가자 중 일부는 다른 사람들의 의견이 모두 일치한다면 분명히 올바르다고 생각한 것으로 보인다. 그들은 어떤 이유에서인지 자신의 눈이 거짓말을 하고 있다고 믿었다. 애시의 실험에서 다수에 동조한 사람들 상당수는 개별 인터뷰에서 자신이 내려고 한 의견이 분명히 틀렸을 것이라고 말했다. 이들이 오답을 내게 된 원인은 사회적 압력보다는 정보였다는 뜻이다. 정보가 원인이라는 설명에 힘을 싣는 연구가 있다. 실험 참가자가 다른 참가자들과 마주치지 않는 방식으로 진행된 연구에서도 애시가 한 실험의 원래 조건에서 나온 것과 매우 비슷한 수의 오답이 나왔다. 참가자들은 자신이 실제로 틀렸다고 믿었다는 얘기다.[13] 비슷한 연구에서 참가자의 응답을 나머지 다수가 알 수 없을 때에도 동조현상이 더 낮지 않은 것으로 나타났다.[14]

하지만 어떤 사람들은 실제로 사회적 압력에 반응했다. 애시의 실험 참가자들 중에는 진실을 분명히 알았지만 다른 사람들이 오답이라고 생각할 답을 공개적으로 말하고 싶지 않은 사람들이 있었다. 연구자들은 애시의 실험과 기본적으로 같은 조건에서 참가자들이 완전히 비공개로 답변하도록 했을 경우 일반적으로 오답률이 확실히 줄어드는 것을 확인했다. 같은 맥락에서, 다른 사람들이 같은 의견을 내는지 그러지 않는지를 누구나 매우 쉽게 볼 수 있는 경우에는 동조현상이 더 높게 나타나는 것도 실험으로 확인됐다.[15]

사람들이 진심으로 거짓을 진실이라고 믿든지, 단순히 집단에서 벗어나지 않으려고 하든지 간에, 애시는 그의 실험 결과로 볼 때 "동조현상의 만연" 때문에 "사회적 절차가 오염된다"라고 결론 내렸다.[16] 또 "우리 사회에서 동조 경향이 너무 강해서 충분히 지적인 선의의 청년조차 흰색을 검은색이라고 말할 수 있음이 확인된 것은 우려되는 지점"이라고 덧붙였다.[17] 거짓말과 오류의 확산에서 동조현상은 중요한 역할을 한다. 사람들은 다른 사람들의 말에 의존한다. 그것이 사실이 아니라고 믿을 훌륭한 이유가 있을 때조차도.

폭포 효과

허위사실의 전파에 관해 아마도 가장 흥미로울 최근의 연구는 사회적 폭포 현상(social cascades)의 중요성을 지적한다.[18] 여기서는 사람들이 스스로 접할 수 있는 정보가 많지 않을 때(어떤 때는 그런 정보가 있을 때조차), 다른 사람들의 말이나 행동에서 얻을 수 있는 정보에 의존한다는 사실에서 출발한다.

전형적인 예를 들어 보자. 친한 사람 네 명으로 이뤄진 그룹

이 있다. 바버라는 유전자조작식품이 국민 건강에 해로운지 잘 모른다. 하지만 그녀의 친구 애덤은 (틀렸지만) 그렇다고 말한다. 바버라가 애덤을 믿는다면 그녀는 애덤의 신념에 설득될 것이다. 애덤과 바버라 둘 다 유전자조작식품이 국민 건강에 해롭다고 믿는다면, 캐서린도 마침내 그렇게 생각할 것이다. 적어도 그녀에게 그와 반대되는 믿을 만한 정보가 따로 주어지지 않는다면 말이다. 애덤, 바버라, 캐서린이 유전자조작식품은 국민 건강에 해롭다고 믿을 때, 그들 모두가 내린 결론을 데이비드가 거부하려면 상당히 강한 확신이 있어야 할 것이다.

거짓으로 드러난 것을 믿는 '기준선'은 사람마다 다르다. 기준선이 낮은 사람이 먼저 어떤 믿음이나 행동에 이르게 되고, 다음에는 기준선이 약간 더 높은 사람이 가세하고, 이런 식으로 어떤 집단, 조직, 공동체, 정당, 심지어 나라 전체가 '넘어가는' 임계질량에 도달하게 된다.[19] 이런 과정을 거쳐 눈덩이 효과(snowball effects), 혹은 폭포 효과(cascade effects)가 나타나고 소수, 아니 많은 사람조차 그저 남들이 진실이라고 믿는 것처럼 보이기 때문에 거짓을 믿는 결과를 낳는다. 정보의 폭포 현상은 연구실에서 재현하기 쉽기 때문에 이에 관한 실험적 증거가 매우 풍부하다.[20] 이렇듯 허위사실은 폭포 효과에 따라 퍼지는 경우가 많다.

지금까지는 단지 정보의 압력과 정보의 폭포 현상만 살펴봤다. 이는 어떻게 생각해야 할지 몰라서 다른 사람들 생각에 신경 쓰고 그에 따르는 현상이다. 그런데 평판의 압력과 평판의 폭포 현상도 존재한다.[21] 이것이 기본적으로 무슨 뜻이냐 하면, 사람들이 말하거나 침묵을 지키거나 행동하는 이유는 자신의 평판을 유지하기 위해서라는 의미이다. 그 때문에 자신의 진짜 생각을 말하지 못하는 대가를 치르더라도 말이다. 잘못된 믿음은 이런 식으로 자라나고 강화될 수 있다.

예를 들어, 앨런은 기후변화가 심각한 문제가 아니라고 믿는다고 가정하자. 또, 바버라는 앨런의 생각이 말도 안 된다고 생각한다고 해 보자. 하지만 단순히 앨런의 생각을 존중하는 차원에서 바버라는 가만히 있을 수 있고, 심지어는 (애시의 실험 참가자들처럼) 앨런에게 동조할 수도 있다. 찰스가 보기에 앨런은 기후변화가 심각한 문제가 아니라고 믿고 있고, 바버라도 앨런과 같은 생각이다. 그래서 찰스도 둘과 같은 의견이라고 말하게 될 수도 있다. 사실은 그렇게 생각하지 않거나 잘 모르겠는데도 말이다.

정치활동에서도 이런 일이 일어나는 것을 쉽게 볼 수 있다. 정치인들은 단순히 자기 지지율에 타격을 입지 않으려고 어떤 사실관계에 관한 진술(이를테면 '기후변화는 사실이 아니다')에 지지를 표명하는 경우가 있다. (도널드 트럼프 대통령 집권 당시, 많은 공화당 정치인들은 개인적으로 트럼프를 지지하지 않는 경우에도 평판의 폭포에 동참했다.) 다른 사람들의 견해에 동조하는 데에는 대체로 각자 기준선이 다르다. 어떤 사람들은 매우 심각한 압력이 느껴질 때에만(예컨대 수많은 사람이 강요하기 때문에) 동조할 것이다. 반면 어떤 사람들은 약한 압력에도(예컨대 자신이 신뢰하는 몇몇 사람이 강조하기 때문에) 동조할 것이다. 여기서도 결과는 폭포 효과이다. 즉 어떤 방향으로 거대한 사회적 움직임이 나타나며, 점점 더 많은 사람이 압력에 동조하고, 동시에 그들이 압력을 가해 마침내 임계질량에 도달한다. 이 단계에 이르면 수많은 사람이 결국 어떤 신념이나 행동을 지지하는 것처럼 보인다. 그 이유는 단순히 다른 사람들이 그렇게 하기 때문에, 혹은 그런 것처럼 보이기 때문이다. 허위사실은 이런 방식으로 폭넓은 지지를 얻을 수 있다. 안데르센의 동화 「벌거벗은 임금님」을 떠올려 보자. 이 이야기는 인간 사회의 실상을 반영하는 중요한 교훈을 말해 주기 때문에 기억할 만하다.

폭포 현상이 쉽게 무너질 때도 있다. 그 이유는 사람들의 말과 행동이 분명한 확신에 따른 것이 아니기 때문이다. 사람들은 어떤 정치인이 부패했다거나 백신이 위험하다고 믿을 수 있지만, 금방 바뀔 수도 있다. 이건 좋은 점이다. 문제는, 정보의 폭포이든 평판의 폭포이든, 사회적 폭포 현상이 잘못된 사실을 널리 퍼뜨릴 수 있다는 점이다. 수많은 사람이 결국 사실이 아닌 것을 믿는 것처럼 보이거나, 또 실제로 믿는다. 사실관계에 관한 잘못된 진술은 사상의 자유시장에서 바로잡힐 것이라고 믿는 관점에는 심각한 문제가 있는 셈이다.

집단 극단화

열 명으로 이뤄진 어떤 집단이 무언가 사실이 아닌데도 진실이라고 믿는다고 가정해 보자. 어떤 공직자가 아주 나쁜 일을 했다거나, 어떤 제품이 국민 건강을 위협한다 혹은 위협하지 않는다 같은 것일 수 있다. 이들이 서로 대화를 나눈 뒤에는 무슨 일이 벌어질까? 아마도 자신들의 잘못된 믿음에 대해 더욱 확신을 갖고, 더욱 단합하고, 더욱 극단적이 될 가능성이 크다. 이런 현상을 집단 극단화(group polarization)라고 한다. 제임스 매디슨(James Madison)은 이같이 말했다. "인간의 이성은 인간 자신과 마찬가지로, 혼자일 때는 소심하고 신중하며, 자신에게 동조하는 사람의 수에 비례하여 단호함과 확신을 얻는다."[22]

집단 극단화는 토의 기구에서 매우 빈번하게 나타나는 현상이며, 많은 곳에서 관찰된다. 집단 내 토론을 통해 집단 구성원들이 대화를 시작하기 전에 가진 입장이 그 방향으로 더욱 극단적으로 변할 때 극단화가 일어난다.[23] 10여 개국에서 관찰된 기본적인 현상에서 몇 가지 사례를 살펴보자.[24]

ⓐ 온건한 페미니스트 여성 집단은 토론 이후에 강한 페미니스트가 될 것이다.[25]

ⓑ 프랑스 시민들은 토론 이후에 미국의 경제원조와 그 의도에 관해 더욱 비판적으로 된다.[26]

ⓒ 인종적 편견을 나타낸 백인들은 토론 이후, 미국 도시에서

흑인들이 처한 상황이 백인 인종주의 때문이냐는 질문에 대해 더 부정적으로 답변했다.[27]

ⓓ 인종적 편견을 나타내지 않은 백인들은 토론 이후 같은 질문에 대해 더 긍정적으로 답변했다.[28]

통계적 규칙성을 따르면 예를 들어 다음과 같이 될 것이다. 기후변화가 심각한 문제라고 생각하는 사람들은 토론 이후에 그와 같은 믿음에 더욱 확신을 갖게 될 것이다. 어떤 조치가 코로나19의 확산을 막지 못하리라고 생각하는 사람들은 내부 토론 뒤에 그 믿음을 더욱 강화할 것이다. 어떤 공직자가 심각한 범죄를 저질렀다고 믿는 사람들은 서로 토론한 결과 더욱 한마음으로 강하게 그 믿음을 지지하게 될 것이다.

집단 극단화 현상은 고유한 정체성을 가진 집단이 집단 내 토론을 벌일 때가 많은 온라인에서 허위사실의 확산에 특히 힘을 발휘한다. (이런 정체성은 정치적, 인종적, 종교적, 이념적인 것일 수도 있고, 두드러지는 특징을 공유하는 임의의 사회적 연결일 수도 있다.) 사회가 파편화되고, 서로 다른 집단이 각각 자신들이 선호하는 소통 방식을 만든다면 그 결과 사회는 사실을 두고 더욱 분열될 것이다. 집단 구성원들이 서로를 최초의 믿음에서 더욱 극단적인 방향으로 이끌기 때문이다. 생각이 비슷한 사람들끼리 모인 다양한 토론 집단은 점점 더 멀어지게 된다. 단지 그들의 토론이 대부분 내부에서 이뤄졌기 때문이다. 사실의 문제를 두고 어떤 당, 또는 여러 주요 정당들의 당원들은 내부 토론의 결과 극단화될 수 있다. 당론 투표가 일어나는 이유도 이것으로 일부 설명할 수 있다. 극단적 집단은 더욱 극단적으로 될 때가 많다. 가장 심한 집단 극단화는 대개 이미 극단적 경향을 보이는 사람들에게서 일어난다. 그리고 그들의 극단주의가 잘못된 믿음의 결과일 때 위험은 더욱 커진다.

그렇다면 표현의 자유를 보장하는 체제에서 우리는 무엇을 할 수 있을까?

chapter

7

당신의 명예

$$\left(\; Liars \;\right)$$

　　　몇 년 뒤에 패멀라 윌슨이라는 미국 상
원의원이 대통령 선거에 출마한다고 가정해 보자. 그리고 악랄
한 네거티브 공세를 당한다고 해 보자. 윌슨이 알코올의존자다,
대학 때 부정행위를 했다, 사석에서 자신은 미국을 싫어하며 미
군을 없애 버리고 싶다고 말했다는 등의 논란이 벌어진다. 이
런 비난은 모두 사실이 아니다. 그중 일부는 그 말이 사실이 아
니라는 것을 아는 사람들이 퍼뜨렸다. 또 일부는 정확히 알지는
못하지만 사실 여부를 파악했어야 하는 사람들이 퍼뜨렸다. 우
리가 표현의 자유를 믿는다면, 윌슨은 거짓말을 중단시킬 수 있
어야 할까? 손해배상을 청구할 수 있을까? 정부의 개입이 허용
돼야 할까? 어떻게?

　　많은 나라에서 명예의 보호라는 가치와 표현의 자유라는 가
치를 조화시키려고 노력한다. 명예가 손상된 사람은 대체로 명
예훼손 관련 법을 활용할 수 있다. 출판물에 의한 것은 명예훼
손(libel), 말에 의한 것은 모욕(slander)에 해당한다(우리나라에

서 명예훼손죄와 모욕죄의 구분은 이와 다르다. 명예훼손죄는 허위사실을 포함해 사실관계에 관한 내용을 발설 또는 적시했을 때 성립하는 반면, 모욕죄는 사실 여부와 관계없이 욕설 또는 비방일 경우에 성립한다―옮긴이). 미국에서는 주마다 법이 다르지만, 표준적인 요건으로 ① 피고가 사실관계가 허위이고 명예를 훼손하는 진술을 했으며 ② 해당 진술이 원고에 '대하여 그리고 관련해' 이뤄졌고 ③ 해당 진술이 출판됐거나 제3자에게 노출됐고 ④ 해당 진술이 원고에게 피해를 입혔음을 주장해야 한다. 원고에 대한 공동체 내의 평판을 손상시킬 수 있다면 그 진술은 명예훼손에 해당한다. 예를 들어, 그것은 원고를 대중적 분노, 혐오, 조롱, 멸시, 불명예에 노출시킬 수 있기 때문이다. 영국과 달리 미국에서는 진실한 진술은 대체로 명예훼손 소송의 대상이 되지 않는다. 하지만 피고가 해당 진술이 허위라는 점을 알았어야 소송 대상이 되는 것은 아니다. 많은 주에서, 허위라는 사실 자체로 충분하다.

명예훼손법은 두 가지 중요한 목적을 수행한다. 첫째, 해롭고 심각한 피해를 끼칠 수 있는 잘못된 행동을 억제한다. 만일 개인적 반감이나 사업적 목적, 원한, 정치적 또는 이념적 사명 때문에 누군가의 인생을 망쳐 놓겠다는 유혹을 받을 때, 명예훼손 소송의 가능성은 강력한 억지 작용을 할 수 있다. 그리고 말하거나 글 쓴 사람이 누군가의 인생을 망치려는 것은 아니지만 단순히 경솔하거나 부주의하거나 혹은 실수한다면, 명예훼손법에서는 이렇게 판단한다. **문제가 생기면 본인 책임**. 둘째, 명예훼손법은 피해자가 보상을 받고 손상된 명예를 회복할 기회를 준다. 억지 작용이 실패할 경우, 명예훼손법은 사후에라도 잘못을 바로잡을 수 있는, 적어도 그에 근접할 기회를 준다.

이것은 아주 중요한 문제이다. 명예훼손 발언은 사람들에게 돌이킬 수 없는 경제적, 개인적 피해를 끼칠 수 있다. 심지어 피해자의 인생을 망쳐 버릴 수도 있다. 당신이 마약중독자라거나 아동학대범이라거나, 조국을 배신했다는 주장은 아무리 생각해도 절대 가벼운 문제가 아니다. 그리고 그런 주장은 피해 당사자뿐 아니라 친구와 가족구성원, 나아가 소속 기업이나 직장에까지 피해를 줄 수 있다. 기업 사장의 명예가 훼손되면 그 기업 또한 심각한 피해를 입는다. 시장이나 주지사의 명예가 훼손되면 그 피해는 민주주의 자체에까지 파장을 미칠 것이다.

변호사들과 판사들은 적절한 균형을 어떻게 이룰지 논의할 때 보통 어떤 부류의 표현에 대해서든 민형사상 제재의 가능성이 불러올 위축효과를 언급하고 이를 개탄한다. 손해배상, 처벌, 소송의 위협을 두려워하는 내부고발자, 전문가, 기자, 블로거들은 자신의 의견을 그냥 속으로만 간직하게 될 수 있다.[01] 질문, 이의, 반대 의견은 책임성을 높이고 오류나 부패를 드러낼 수 있다. 사법제도는 이들을 억눌러서는 안 된다. 명예훼손법이 너무 엄격하면 공인이나 공적 사안에 대한 표현을 위축시킬 수 있고, 이는 민주적 토론을 망가뜨린다. 밀로 다시 돌아가 보자. 사상의 자유시장이 있는 한 우리는 위축효과를 특별히 경계해야 한다. 그것은 궁극적으로 진실을 밝혀내는 과정을 약화할 것이기 때문이다.

하지만 다시 말하건대, 방정식의 한쪽만을 강조하는 일은 피하도록 하자. 우리는 점점 더 분명해지는 이유들로 인해 사상의 자유시장이 실패할 수 있고, 허위사실이 전파되며 뿌리를 내릴 수 있음을 보았다. 명예훼손에서 특히 중요한 점을 되새겨 보자. 즉 사람들은 '동기부여된 추론'에 자주 빠진다. 말하자면 사람들은 허위사실이 진실이라고 믿는 것을 **좋아하기** 때문에 그것을 신뢰한다.[02] 특정한 여건에서는 명예훼손적인 허위사실을 바로잡는 것이 유난히 어렵기도 하다. 우리는 또한 위축효과를 환영해야 할 때도 자주 있다는 것을 보았다. 사실대로 말하는 것을 권장하고, 모든 부류의 (거짓말을 포함한) 부정확한 진술을 막는 사회규범에서 비롯되는 위축효과는 특히 그렇다.

우리는 또한 어떤 허위사실은 해롭지 않다는 것을 혹은 해롭기만 하지는 않다는 것을 보았다. 그것은 사람들이, 적어도 장기적으로는, 진실을 이해하도록 돕는다. 그러나 많은 허위사실은 단순히 피해만 입히는 것이 아니라 진실을 알고자 하는 사람들에게 전혀 쓸모없기도 하다. 사회규범에 의한 것이든 법에 의한 것이든, 위축효과가 전혀 없는 사회는 너무나 추할 것이다. 사회에 필요한 것은 '위축'이 없는 상태가 아니라, 적절한 수준의 위축이다. 이런 결론은 명예훼손법에 특히 유효하다. 문제는 '그것을 어떻게 이룩할까'이다.

옛날 한때는

1791년 권리장전이 비준된 이래, 1963년까지 연방 대법원은 「수정헌법」 1조가 명예훼손법의 적용에 상당한 제한을 부과한다고 판결한 적이 한 번도 없다. 본질적으로 각 주에서는 원하는 대로 실행하도록 허용되었다. 기본적인 개념은, 헌법이 보호하는 '표현의 자유'에 특정한 방식의 의사소통은 포함되지 않는다는 것이었다. 그런 방식은 조문에 포함되지 않았다. 오늘날의 어떤 독자들은 여기서 혼란에 빠진다. '표현의 자유'는 절대적인 게 아니었나? 헌법의 문장이 명백하지 않은가? 이런 결론에 주의하라. 「수정헌법」 1조에서 관련 부분은 이렇다. "의회는 (……) 표현, 혹은 언론의 자유를 침해하는 법률을 제정할 수 없다." 이 조항을 비준한 이들은 '표현의 자유'가 어떤 방식의 의사소통은 포함하고, 그 외의 것들은 포함하지 않는다는 점을 충분히 이해했을 것이다. 또 어떤 의사소통에 관한 어떤 제한은 자유의 형태를 '침해하지' 않는다고 생각했을 것이다. 실제로 그것은 분명한 사실이다.[03]

1978년까지 상업적 표현은 그것이 진실한 경우에도 보호받지 못했고, 진실하지 않은 경우는 물론이었다. (지금은 보호받지만, 허위인 경우는 아니다.) 외설적 표현은 그 범위가 어디까지인지를 두고 논란이 있긴 했지만 보호받지 못했다. 앞서 봤듯이, 허위사실은 일반적으로 헌법적 보호 대상이 아닌 것으로 여겨졌다. 보통법은 오랫동안 명예훼손 표현을 규제해 왔고, 그런 규제는 「수정헌법」 1조로 금지되지 않는 것으로 오랫동안 이해돼 왔기 때문에, 헌법은 문제를 일으키지 않았다.

모든 것이 '뉴욕타임스 대 설리번 사건'의 유명한 판결로 바뀌었다. 이 판결은 미국 연방 대법원 역사상 가장 중요한(또한 급진적인) 판결로 기록돼야 한다.[04] 이 판결 자체는 익숙하겠지만 최근의 반대의견을 염두에 두고,[05] 이에 관해 새롭게 접근하며 맥락을 이해하고 대법원이 실제로 뭐라고 말했는지 살펴보는 것은 유익할 것이다. 오늘날 대다수 사람이 당연시하는 이 판결은 그야말로 그 시대의 산물이었지, 미리 정해진 것이 전혀 아니었다. 우리는 관련 사례로서 '뉴욕타임스 대 설리번 사건' 판결이 없는 세계를 상상할 수 있어야 한다. 그것이 더 좋은 세계였을지는 물어볼 가치가 있는 질문이다.

지금의 목적에서 보자면 사건의 기본적 사실관계는 단순하다. 1960년대 초반, 민권운동 단체들이 《뉴욕타임스》에 광고를 실었다. 이 광고에서 그들은 앨라배마주 몽고메리에서 열린 민권 시위에 대한 경찰의 잔인한 진압을 규탄했다. 예를 들어 세 번째 문단은 이런 내용이었다.

앨라배마주 몽고메리에서, 학생들이 주 의회 계단에서 〈나의 조국, 당신의 것(My Country, 'Tis of Thee)〉을 부른 뒤 학생 지도자들은 학교에서 쫓겨났으며, 총과 최루탄으로 무장한 수많은 경찰이 앨라배마 주립대학 캠퍼스를 포위했다. 주 당국에 항의하는 의미로 모든 학생이 재등록을 거부하자, 그들을 굶주리게 하여 복종시키려는 시도로 학생 식당이 폐쇄됐다.

이 광고 하단에는 "마틴 루터 킹과 남부의 자유를 위한 투쟁을 지키는 모임"이라는 이름의 서명이 있었다.

몽고메리 경찰을 감독하는 경찰국장 L. B. 설리번(L. B. Sullivan)은 명예훼손 소송을 냈다. 그의 이름이 언급되지는 않았지만, 그는 "경찰"이라는 단어가 명백히 자신을 가리킨다고 주장했으며, 자신이 캠퍼스를 경찰로 "포위"했다는, 게다가 학생들을 굶겨서 복종시키려고 식당을 폐쇄했다는 비난을 받았다고 주장했다. 광고가 허위사실을 포함했다는 점에는 다툼이 없었다. 예를 들어, 학생 식당은 어떤 경우에도 폐쇄된 적이 없으며, 경찰이 캠퍼스 근처에 배치되기는 했지만 캠퍼스를 "포위"한 적은 한 번도 없다.

또 이 사건이 단순히 표현의 자유에 관한 것이 아니라 민권운동 사건이라는 데에도 의문이 없었다. 중요한 점이지만, 명예훼손 소송은 민권운동을 위축시킬 의도로 제기됐다.[06] 일종의 공식 기록을 남기고 어떤 의미에서 보복을 가하려는 노력이었다. 그리고 효과가 있었다. 세 시간이 채 안 걸린 숙의 끝에 배심원단은 설리번에게 정확히 그가 청구했던 바로 그 금액, 50만 달러(2020년 가치로는 대략 420만 달러)라는 거액을 배상받을 권리를 인정했다.

당시의 앨라배마주 법은 출판물에 "개인의 명예를 (……) 해칠 수 있거나""[당사자를] 공적 분노에 노출시킬"수 있는 단어가 있다면 "그 **자체로** 명예훼손에 해당"하는 것으로 간주했다. '뉴욕타임스 대 설리번 사건'에서 앨라배마주 법원의 판단은, 해당 표현이 "공직에 대하여, 혹은 잘못의 책임을 공직자인 그에게 돌림으로써, 혹은 공신력의 결여, 혹은 대중직 신뢰에 대한 충실함의 결여 등을 주장하여" 설리번에게 피해를 입힌다면 명예훼손의 기준이 충족된다는 것이었다.

연방 대법원은 이런 기준이 위헌이며, 허위사실에 적용되는 경우에도 마찬가지라고 판단했다. 대법원의 판결은 공직자와 관련된 사안일 경우, 헌법은 오로지 발언한 사람에게 '현실적 악의(actual malice)'가 있을 때에만 배상을 허용한다는 것이었다. 이는 다음의 경우를 제외하고는 발언자가 명예훼손 책임을 지지 않는다는 뜻이다. ⓐ 그 발언이 허위라는 사실을 발언자가 실제로 알고 있었거나 ⓑ 진위 여부를 "경솔하게 무시하고" 행동한 경우이다. 실제로 알고 있었느냐의 문제는 원칙적으로는 분명하지만("당신이 진실을 말하지 않고 있다는 걸 알았는가?") 개별 사건에서는 입증하기 어려울 것이다. 경솔한 무시라는 개념은 좀 더 어렵다. 2장의 분류를 다시 생각해 보자. 어떤 발언이 허위임이 상당히 분명하고, 그런데도 필자가 그것을 공표할 경우, 피해자가 소송을 내는 것이 헌법상 허용된다.[07] 하지만 일반적으로 현실적 악의의 기준은 허위사실을 퍼뜨리는 사람들을 상당히 보호한다. 여기서 당혹스러운 지점은, 대법원이 이 시기 동안 흔히 말하는 허위 진술은 「수정헌법」 1조로 보호할 가치가 없다고 반복해서 밝히면서도, 바로 그런 허위 진술에 대법원이 상당한 정도의 보호를 제공하고 있다는 것이다.

대법원은 결론을 설명하면서, 명예훼손적 진술을 규제하는 것이 목표일 때에도「수정헌법」1조는 공직자와 법원의 권한을 제한한다고 강조했다. 밀에게 호응하듯이, 또한 5장에서 살펴본 것과 비슷한 주장을 펼치면서, 대법원은 이렇게 밝혔다. "자유로운 토론에서 표현에 오류가 발생하는 것은 필연적이다. 그리고 (……) 표현의 자유가 '살아남기 (……) 위해 필요한' '숨쉴 공간'을 갖기 위해 그것은 보호되어야만 한다."[08] 따라서 "사실관계의 오류"도 "명예훼손적 내용"도 모두 "공직 수행 비판"에 따르는 헌법적 보호를 제거하기에는 충분하지 않다.[09] 표현의 자유라는 원칙은 공적 사안에 관련된 표현을 폭넓게 보호한다고 대법원은 강조했다.

공직자와 관련해 대법원은 두 가지 접근법을 배제했다. 대법원에 따르면 "무과실책임(strict liability)", 즉 잘못이 없어도 책임지도록 하는 것은 헌법상 인정되지 않는다.「수정헌법」1조에 따라 발언자는 단순히 허위사실을 퍼뜨렸다는 이유만으로 책임을 지지는 않는다. 대법원은 비합리적으로 행동한(따라서 부주의했으며 그러므로 전통적인 법에 따라 책임을 졌어야 할) 기자들을 비롯한 사람들도 보호했다. 이 판결은 명예훼손법의 핵심 대부분을 제거했다.《뉴욕포스트》에 공직자의 명예를 심각하게 해치는 허위사실이 실렸고 필자와 편집자는 (그들이 가진 증거에 비춰) 그것이 허위라는 사실을 알았어야 했다고 가정해 보자. 그런 경우에도 필자와 편집자,《뉴욕포스트》는 책임을 지지 않는다. 그것이 허위라는 사실을 몰랐으며 진위 여부를 "경솔하게 무시하지" 않은 한 말이다. 결과적으로 허위사실을 퍼뜨리는 사람들에게는 숨 쉴 공간이 더욱 넓어졌다.

'뉴욕타임스 대 설리번 사건' 판결은 공직자에 관해 다뤘기 때문에, 몇 가지 의문이 남게 된다. 명예나 악평이 전혀 없는 평범한 개인의 명예를 훼손하면 어떻게 될까? 언론사에서 조 스미스라는 평범한 시민에 관해 그가 부패, 뇌물 수수, 절도, 또는 그 밖의 위법행위를 저질렀다는 명예훼손성 허위사실을 보도하면 어떻게 될까? 영미법의 오랜 원칙에 따르면 스미스는 손해배상을 청구할 수 있으며, 언론사의 과실을 입증할 필요도 없다.[10] 허위사실과 피해 발생이라는 사실 자체만으로 스미스는 소송을 제기할 충분할 권리를 가진다. '뉴욕타임스 대 설리번 사건' 판결에서 대법원은 "공직 수행 비판"이라는 맥락에서 위축효과의 위험과 숨 쉴 공간의 필요성에 초점을 맞추었다. 이것이 그 자체로 스미스가 그의 명예를 보호하기 위해 법원에 호소할 자격에 문제를 일으키는 것은 아니다.

그럼에도 대법원은 결국 표현의 자유라는 원칙이 스미스의 명예훼손 소송에도 제한을 가한다고 결론 내린다. 이 결론은 텔레비전, 페이스북, 트위터, 유튜브, 그 밖의 모든 곳에서 매일 이야기되는 것들에 관해서도 중대한 의미를 갖는다. '거츠 대 로버트 웰치 주식회사 사건'[11]에서 대법원은 일반인이 명예훼손에 대한 배상을 청구하려면 과실을 입증해야 한다고 판결했다. 이것이 무슨 의미냐면, 누군가 허위이며 피해를 입히는 말을 했을 경우, 그것이 허위이며 피해자가 심한 피해를 입었다는 사실 자체만으로는 부족하다는 뜻이다. 피해자는 말을 한 사람이 적절한 주의를 기울이지 않았다는 사실을 입증해야만 한다.

'현실적 악의'를 입증하는 것도 엄청나게 어렵지만, 과실을 증명하는 것도 똑같이 쉽지 않다. 기자가 매우 신뢰할 만한 취재원으로부터 어떤 변호사나 은행가가 일종의 부패행위에 연루됐다거나, 고등학교 교사가 학생과 성적 행위를 했다거나, 공직 후보자가 공문서를 거짓으로 작성했다는 사실을 알게 됐다고 해 보자. 또 이런 혐의가 허위사실이라고 가정해 보자. 기자는 취재원의 정확성을 담보하지 못했다는 이유로, 혹은 다른 취재원을 조사하지 않았다는 이유로 과실이 인정될 수도 있다. 하지만 그러지 않을 수도 있다. 그 기자가 과실을 범했다는 점을 평범한 시민이 법적으로 입증하기는 쉽지 않을 것이다.

'거츠 사건' 판결의 결론을 설명하면서 대법원은 거듭 위축효과를 거론하고, 표현의 자유는 "중요한 표현을 보호하기 위해서 어느 정도의 허위사실도 보호할 것을 필요로 한다"라고 밝혔다.[12] 물론 '뉴욕타임스 대 설리번 사건' 판결에서도 대법원은 "악의 없이 이뤄진 잘못된 진술을 보호하는 것"은 "필수적"이라고 밝혔다.[13] 대법원에 따르면, 그 판결에서 밝힌 내용은 '거츠 사건' 판결에도 똑같이 적용된다. "비판하는 사람에게 (······) 그가 말하는 모든 사실관계가 진실할 것을, 그럼으로써 명예훼손 판단이 가능한 경우를 사실상 무한한 분량으로 넓히는 고통을 주는 규칙은 (······) '자기검열'로 이어진다."[14] 잘못이 없는

데도 책임을 지우는 일을 헌법으로 금지하고, 거기에 피해자가 상대의 과실을 증명할 것까지 요구하는 것은 언론이나 발언자가 스스로 침묵을 선택하지 않도록 하는 안전 장치로 작동한다. 정리하자면, 대법원은 '뉴욕타임스 대 설리번 사건' 판결로 시작된, 자유로운 발언에 대한 '위축'의 정도를 규제하려는 노력을 계속했다.

'앨버레즈 사건'에서도 다수의견의 강조점은 비슷했다. 위축 효과를 막기 위해, 사실관계의 오류도 어떤 경우에는 보호된다는 것이다. "「수정헌법」 1조가 보장하고자 하는 표현으로서, 공적·사적 대화에서 자유롭고 활발한 의견 표현이 이뤄지려면 어느 정도의 허위 진술은 필수적이다."[15] 어떤 의미에서 그것은 사실이다. 하지만 문제는 남는다. 어느 정도의 허위 진술이 적절한가? 어느 정도면 너무 많은 걸까? 10억 개? 날마다?

토대

명예훼손법의 헌법적 제한은 다양한 각도에서 검토할 수 있다. 첫 번째 질문은 물론 방식의 선택이다. 즉, 헌법을 어떻게 해석해야 하는가? 어떤 사람들은 '원전주의자'라는 점은 이미 살펴봤다. 그들은 헌법을 그 '당시의 사회적 이해'에 따라 해석해야 한다고 믿는다. 원전주의자에게 헌법이란 그것이 비준됐을 당시에 의미한 바를 뜻한다. 간략한 역사적 논의가 있긴 하지만, '뉴욕타임스 대 설리번 사건' 판결은 「수정헌법」 1조 제정 당시의 사회적 이해에 기반했다고 보기는 어렵다. 우리가 원전 주의자라면 이 판결은 옹호하기가 굉장히 어렵다.[16] 건국 당시 의 사람들로서는 명예훼손법을 광범위하게 적용해서 사람들이 자신의 명예를 보호할 수 있게 하는 것이 지극히 당연했다. 클 래런스 토머스 대법관은 단호한 어조로 밝혔다.[17]

본 법원이 '뉴욕타임스 사건' 판결과 그 후속 판결에서 채택한 명예훼손 관련 헌법적 규칙은 명예훼손에 관한 보통법에서 확연 히 벗어나 있으며, 「수정헌법」 1조와 14조가 이 부분의 보통법 을 대체했는지 묻는 데에는 그럴 만한 이유가 있다. (……) 보통 법은 공인에 대한 명예훼손을 일반인에 대한 것보다, 만일 차이 가 있다면, 오히려 더욱 중대하고 심각한 것으로 간주했으며, 명 예훼손적 행위에 대한 입증책임을 공인에게 부담시키는 것과는 거리가 멀다. (……) 본 법원은 명예훼손을 "분명하게 정의되고 좁은 범위로 제한된 유형의 발언으로, 명예훼손에 대한 예방과 처벌은 어떤 헌법적 문제도 일으키지 않는다"라고 일관되게 규 정해 왔다. (……) 「수정헌법」 1조나 14조가 처음부터 공인에 대 한 명예훼손에는 현실적 악의의 기준을 적용한다거나, 각 주의 명예훼손법을 광범위하게 대체한다는 뜻으로 제정된 것인지 의 문을 제기하는 데에는 충분한 근거가 있다.

이 부분에서 토머스 대법관의 의견에는 충분히 일리가 있다.

물론 '뉴욕타임스 사건' 판결에서 간략하게 언급된, 건국 초기 1798년 제정된 「선동금지법(Sedition Act)」의 위헌 논란을 보면 몇 가지 의문이 제기되기는 하지만 말이다. 그러나 대법관 대부분은 원전주의자가 아니며, '뉴욕타임스 사건' 판결은 원선주의를 수용한 것이 아니라 좀 더 실용적인 접근에 뿌리를 둔 것으로 보인다. 「수정헌법」 1조를 하나의 일반원칙을 제시한 것으로 보고, 대법원의 역할은 현대적 가치와 서로 충돌하는 다양한 이해관계를 고려해 그 원칙을 어떻게 해석하는 것이 최선인지 밝히는 것으로 보는 것이다. 대법원의 역할을 이렇게 이해하는 것에는 물론 논란의 여지가 있다. 하지만 논의를 단순화하기 위해, 논란이 되는 문제에서 어느 편을 선택하지 말고, 여기서는 대법원이 표현의 자유에 관한 의견을 밝히며 대체로 채택한 폭넓고 실용적인 관점에서 이 문제를 살펴보자.

'뉴욕타임스 대 설리번 사건' 판결의 핵심이자 오늘날까지 우려가 계속되는 내용은 두 가지 문제 인식을 포함한다. 정치적 편향과 정부의 권력이다. 두 가지 모두 그 자체로 위험하다. 그리고 둘은 강력한 조합을 이룰 수도 있다. 예를 들어, 도널드 트럼프 대통령의 법무 장관 윌리엄 바가 어떤 언론사를 상대로 해당 신문이 대통령의 명예를 훼손했다고(아니면 다른 어떤 법을 위반했다고) 소송을 낸다고 해 보자. 트럼프가 바에게 그 소송을 지시했다고 해 보자. 이 과정에서 트럼프는 그다지 객관적이지 않았다고도 가정하자. 그는 자신에 대해 나쁜 기사를 실은 신문사를 혼내 주려고 한 것이다. 그러면서 다른 언론사들이 그런 기사를 싣지 못하도록 막는 의미가 있기도 하다. 소송이 이뤄졌다는 사실 자체로 대통령에 대한 부정적 보도를 막을 수 있게 된다. 이런 가상의 사례에서 우리는 불편하게도 독재정권에 더 가까워진다.

정치적 편향은 검사, 판사, 배심원, 또는 일개 개인이지만 자금이 풍부한 소송인이 특정한 입장의 표현을 가로막고 처벌하려고 할 때 언제든 생길 수 있다. 정부의 권력은 검찰에 의해 시민의 명예를 보호하려는 중립적 노력으로서가 아니라 정치적 이익이나 특정인 혹은 기관의 뜻에 부응하기 위해서 행사될 수도 있다. 자금이 풍부하거나 이념적인 소송인이 제기하는 위험에 주목하는 것도 중요하다. 그들은 이기든 말든 개인과 기관, 언론사까지 포함한 이들의 경제적 안정을 사실상 파괴할 수 있다. 최소한의 변호를 하기 위해서도 대체로 많은 비용이 들며, 경제적 비용만 필요한 것도 아니다. 판사나 배심원이 정치적 논쟁에서 특정 진영에 우호적일 수 있다는 점도 쉽게 상상할 수 있다. 명예훼손법의 적용에 대해 강력한 헌법적 안전 장치를 두는 것은 1960년대이든 지금이든 이런 위험에 대한 일종의 예방 조치라고 생각할 수 있다.

그럼에도 몇 가지 구분할 필요는 있다. 허위 진술 중에는 공직자(장관, 지사, 시장 등)와 관련된 것이 있다. 배우나 연예인, 가수 같은, 어떤 형태로든 정부와는 연관성이 없는 유명 인사와 관련된 것도 있다. 또 공직자는 아니지만 공적 사안과 관련된 것도 있다. 예를 들면, 일반인이 지역 은행의 주요 임원에게 뇌물을 주려고 했다는 주장을 생각할 수 있다. 그 외에도 강도나 성희롱 같은 민형사상 불법행위의 **피해자**에 관한 것도 있다. 이런 각각의 사안에 해당하는 사람들에 대해 법은 대체로 명확하다. 유명 인사는 공직자와 똑같이 취급된다. 공적 사안은 전혀 특수하게 취급되지 않는데, 문제는 소송을 제기하는 사람의 지위에 달려 있다. 공인은 현실적 악의를 입증하지 못하면 명예훼손 피해를 배상받을 수 없다. 일반인은 과실을 입증해야 한다.

이런 규칙이 적절한 균형을 이루고 있는지는 전혀 분명하지 않다. 공직 생활을 하는 사람을 생각해 보자. 현실적 악의는 입증하기가 정말 어렵기 때문에 무고한 사람도 실제로 피해를 입게 되며, 피해를 일으킨 사람은 대체로 어떤 형태로도 책임을 지지 않는다. 앞서 살펴봤듯이 문제는 피해를 입은 사람에게만 해당되지 않는다. 자치라는 원리도 영향을 받는다. 시민이 올바른 판단을 내릴 수 없다면 자치도 제대로 이뤄질 수 없기 때문이다. 연예인에 대해서도 생각해 보자. 연기자나 가수가 되겠다고 마음먹은 이들은 대중적인 조롱이나 심지어는 학대를 당할 위험에 더욱 노출된다. 그들이 정치적 역할을 전혀 하지 않더라도 그렇게 된다. 일반인은 어떨까? 과실을 입증하는 것은 쉽지 않고, 피해를 일으키는 가짜 소문을 사람들이 퍼뜨린다고 해도 그들에게 책임을 묻기가 어려울 것이다. 소셜미디어에서 이뤄지는 발언을 보면 문제는 더욱 심각하다. 예방의 문제에 비하면 보상의 문제는 덜 중요하다. 지금 이대로의 법으로는 대부분의 허위 진술을 막을 수 없는 것이 분명하다.

표현의 자유나 개인의 자율성이라는 관점에서 보더라도 이것이 좋은지, 아니면 받아들일 수 있는지는 전혀 분명하지 않다. 말하거나 글을 쓰는 사람들이 부주의하게 행동한다고 가정해 보자. 그렇다면 그들이 공직 후보자에 대한 허위사실을 퍼뜨릴 수 있어야 한다는 게 그렇게 분명한가? 무슨 근거로? 우리는 정말로 사람들이 부주의하게 배우들에 대한 허위사실을 퍼뜨릴 수 있도록 하기를 원하는가? 기자들이 테일러 스위프트, 크리스천 베일, 줄리아 로버츠의 명예를 훼손하는 허위 진술로 가득 찬 기사를 쓰도록 허용하는 게 그렇게 중요한가? (답은 '아니다'이다.)

물론 유명 인사에게는 많은 사람에게 자신의 생각을 알릴 수 있는 고유한 수단이 있으며 그에 따라 잘못을 바로잡을 수 있긴 하지만, 그럼에도 많은 시청자나 독자는 진실을 받아들이지 않을 것이다. 앞서 살펴봤듯이 허위사실은 사람들의 마음속에 남게 된다. 배우나 가수, 그 외 연예인에 관한 파괴적인 허위사실에 숨 쉴 공간을 주는 것이 그렇게 중요할 이유는 없다. 어떤 경우든, 평범한 시민이 허위사실로 피해를 입었을 때 소송을 할 수 없다는 점은 전혀 타당하지 않다. 모든 시장에는 표준과 기본 규칙이 필요하다. 어떤 시장도 각자도생의 방식으로 작동할 수 없다. 미국에서 표현의 자유에 관한 현재의 규제 시스템, '위축'의 현재 설정값은 우리가 인터넷 시대에 선택할 만한, 혹은 선택해야 할 것이 아니다.

다섯 가지 방안

기본 원칙에 대한 근본적인 재검토를 제안하기에는 너무 늦었을지도 모르겠다. 하지만 오늘날에 맞는 원칙을 채택하는 것은 전혀 늦지 않았다. '뉴욕타임스 대 설리번 사건' 판결이 내려진 때가 1964년이라는 점을 다시 생각할 필요가 있다. 그 이후에 이뤄진 어마어마한 기술적 발전을 생각하면 그것은 백 년 전, 아니, 천 년 전 일이라고 할 수도 있다. 오늘날 명예를 훼손하는, 아니면 파괴적인 발언을 유포하는 것은 과거 어느 때보다도 훨씬 쉽다. 그것을 바로잡는 것도 마찬가지다. 기술의 변화를 생각할 때, 그 판결이 오늘날의 적절한 가치를 조화시킨 최선의 방식을 담고 있다면 오히려 기적일 것이다. 위축효과가 힘을 얻는 한 가지 이유는 거액의 손해배상을 포함한 소송비용이다. ('뉴욕타임스 대 설리번 사건' 1심에서, 그 옛날 1962년에 50만 달러 배상이 인정된 것을 상기하자.) 값비싼 소송비용 때문에 생기는 과도한 예방 효과를 발생시키지 않고도 허위사실로부터 사람들을 보호할 수 있는 법률을 마련할 수 있다면, 우리는 상충하는 이해관계를 조화시킬 수 있을 것이다. 그러면 바로 그것을 실현하기 위한 몇 가지 온건한 방안을 살펴보자.

첫째, 어떤 이야기가 사실이 아니라고 사람들에게 알려 주기 위해 경고와 공지를 이용할 수 있다. 예를 들어 페이스북과 트위터에서는 배우나 정치인, 혹은 일반인에 관한 허위사실을 올릴 경우 '진짜 사실을 확인하세요', 혹은 '이것은 허위입니다'와 같은 설명이 달릴 수 있다. 이런 설명에 사람들이 진실을 확인할 수 있는 웹사이트로 가는 링크를 포함시킬 수도 있다. 이런 방식의 대응은 페이스북과 트위터를 포함한 일부 소셜미디어 플랫폼에서 실제로 이뤄지는 조치를 기반으로 할 것이다.

둘째, 손해배상의 상한액과 범위 조정도 표현의 자유라는 가치를 옹호하면서 일정 수준의 예방 효과를 달성할 수 있는 좋은 수단이 될 수 있다. 예를 들어, 명예훼손 배상액이 보통 특정한 수준(극단적으로는 1달러)으로 고정된다고 해 보자. 매우 낮은 제한은 당연히 예방 효과를 줄일 것이다. 하지만 말하는 사람에게도 지켜야 할 명예가 있다. 그들이 어떤 책임이라도 지게 되고, 진실을 말하지 않은 것으로 판명된다면, 그들의 명예는 실추될 것이다. 표현의 자유라는 체제의 관점에서 보자면, 말하는 사람 자신의 명예에 대한 우려는 딱히 재앙적이지는 않다. 사람들에게 피해를 입히지 않도록 보장한다는 관점에서 보면 그것은 매우 좋은 일이다. 손해배상의 상한액, 그리고 실제 진실이 무엇인지에 대한 입증책임 부담은 말하는 사람이 자신의 명예를 신경 쓰게 하는 좋은 효과를 낳을 수 있다.

셋째, 어떤 진술이 허위인 동시에 피해를 입힌다는, 바꿔 말하면 전통적인 법적 기준에서 명예훼손에 해당한다는 것이 명백히 입증될 경우 수정이나 삭제를 요구할 권리를 일반적으로 인정할 수 있다. 신문사나 방송사, 소셜미디어 플랫폼에서 적절한 기간 내에 쉽게 알아볼 수 있는 정정 혹은 삭제 조치를 제공하지 않을 때에는 약간의, 혹은 명목상의 배상책임을 지게 할 수도 있다.

넷째, 특히 인터넷에서, 명예훼손 피해를 입증할 수 있을 경우 피해자에게 '통지 후 삭제(notice and take down)'를 요구할 수 있는 권리를 부여할 수 있다. 이는 「디지털 밀레니엄 저작권법」[18]의 저작권 조항을 모델로 한 것으로, 웹사이트 운영자와 소셜미디어 사업체는 전통적인 보통법 기준에 따라 명예훼손에 해당하는 발언에 대해 적절한 통지와 함께 삭제 의무를 지게 될 것이다. 이런 의무를 위해서는 230조[19]의 개정이 필요하다. 해당 조항은 소셜미디어 플랫폼을 대부분의 의무로부터 면책시킨다.[20] 일부 법원에서는 온라인 플랫폼들이 명예훼손에 해당하는 게시물 삭제를 합리적 이유 없이 지연했다는 주장에 대해 플랫폼은 면책된다고 판결했다.[21]

다섯째, 특히 소셜미디어에서, 명예훼손에 해당하는 발언이 일반적으로 「수정헌법」 1조에 의해 보호된다면, 그것이 더 많이 퍼지지 않도록 지위를 낮출 수 있다. 예를 들어, 그런 발언은 페이스북의 뉴스피드에 거의 드러나지 않거나 눈에 띄지 않게 할 수 있다. 이 방식은 현재 페이스북의 잘못된 정보 대응 전략을 기반으로 할 수 있다.

물론 이들 제안에 대해서 정당한 의문이 제기된다. 예를 들어, 소셜미디어 플랫폼은 법원이 아니며 그들은 무엇이 명예훼손인지 판단할 최적의 당사자가 전혀 아니다. 페이스북, 트위터, 유튜브에 무슨 판결과 비슷한 행위를 요구하는 것은 합리적이지 않아 보인다. 가장 단순한 접근법은 이런 방식일 것이다.

만일 권한 있는 재판부에서 어떤 발언이 명예훼손에 해당한다고 판단할 경우 소셜미디어 사업자는 그것을 삭제해야 하며, 그러지 않을 경우 책임을 지게 될 것이다. 이런 방식의 문제점은 너무 소극적인 대처라는 것이다. 명예훼손 피해자들 대부분은 소송을 아예 안 하기 때문이다. 문제는 합리적 의심이 전혀 들지 않는 명약관화한 사안일 경우, 소셜미디어 사업자들도 게시물을 삭제할 의무를 져야 하느냐는 것이다. 원칙적으로 보면 답은 거의 확실하게 '그렇다'이다. 유일한 문제는 그런 시스템 운영의 가능성 여부이다. 그리고 최선의 답변은 이렇다. 뜻이 있는 곳에 길이 있다.

인터넷의 속성 때문에 통지 후 삭제가 완전한 해결책이 될 수 없다는 것도 사실이다. 일단 게시물이 올라가면, 그것은 사실상 영원히 인터넷에 있다.[22] 하지만 일단 삭제되고 나면 그것은 그렇게 많은 곳에 있지는 않을 것이고, 최소한 명예훼손 발언의 피해자가 그건 삭제됐다고 말할 수 있게 된다.

이 제안들 중 어느 것이든 수용하기 전에, 우리는 당연히 이 방안들이 초래할 결과에 대해서도 차분히 분석해야 할 것이다. 내가 이들을 개괄한 것은 결론을 내리거나 특별히 어떤 방안에 힘을 실으려는 것이 아니라, 말하는 사람의 정당한 권리를 보호하면서도 허위사실로 명예가 훼손될 수 있는 사람뿐 아니라 사람과 장소, 사물에 대한 잘못된 정보를 접함으로써 피해를 입을 많은 사람에게도 안전 장치를 제공할 수 있는 몇 가지 가능한 방안을 알리기 위해서이다.

신문, 잡지, 소셜미디어 사업자들은 어떤가? 그들 스스로, 자발적이고 전적으로 무엇을 해야 할까? 「수정헌법」 1조는 정부에만 적용되기 때문에 이들 누구도 해당되지 않는다. 전통적인 기준에서 볼 때 명예훼손에 해당하는 게시물을 빌견할 경우 이들 사업체 모두는 현실적 악의가 없는 경우라 하더라도 삭제해야 한다는 주장에는 상당히 일리가 있다. 왜 이것이 적절한 (자발적인) 조치가 될 수 없는가? 페이스북의 커뮤니티 규정은 "따돌림과 괴롭힘"을 허용하지 않는다.[23] 이는 회사의 판단에 달려 있다. 또 회사의 판단 아래, 이들 규정은 "임박한 폭력 또는 물리적 피해를 일으킬 위험을 높이는 잘못된 정보"를 허용하지 않는다. 왜 이런 규정을 명예훼손에 대해서는 적용할 수 없다는 말인가? 적어도 명예훼손이 실제로 벌어졌다고 분명히 입증된 경우면 가능한 일 아닐까.

나무만 보느라 숲을 놓치지 말자. 최소한 미국에서는, 지금의 제도는 사람들의 명예를 제대로 보호하지 못한다. 이는 사람들에게 자기 명예의 중요성을 사소한 것으로 치부하게 만든다. 물론 명예훼손법은 표현의 자유라는 체제를 심각한 방식으로 침해하는 데 쓰일 수도 있다. 하지만 우리는 이 체제를 약화시키지 않으면서 명예훼손적인 허위사실을 예방할 수 있는 새로운 방법을 생각해 낼 수 있어야 한다. 이 과제는 커다란 피해를 입는 사람을 지키기 위해서뿐 아니라 그들의 보호자, 그리고 함께 피해를 입게 되는 동료, 고객, 투자자, 시민 등을 보호하기 위해서도 시급하다.

chapter

8

해악

이런 문장을 살펴보자. '담배는 암을 유발하지 않는다.' '폴 매카트니는 1971년에 죽었다.' '백신은 자폐증을 일으킨다.' '테일러 스위프트는 폐암에 걸렸다.' '기후변화는 사기이다.' '심장병을 예방하는 최선의 방법은 설탕을 많이 먹는 것이다.'

명예훼손은 중요한 문제이지만 비교적 좁은 범주이고, 허위사실과 거짓말이 낳는 일련의 문제를 완전히 포괄하지 못한다. 우리는 허위 진술이 공중보건과 공공안전에 위험을 일으키는 것을 봐 왔다. 허위 진술은 형사 사법제도의 운영을 위협한다. 조세제도 운영을 어렵게 만들 수 있다. 우리는 또한 허위사실을 법으로 처벌하는 사례를 많이 보아 왔는데, 그 사례들에 대해 위헌 논란을 제기하는 사람은 거의 없다.

진실에 신경 쓰는 입법자나 규제 당국은 명예훼손 이외의 것도 검토해야 할까? 아니면 명예훼손은 특수한 사례이고, 허위사실과 거짓말처럼 더 넓은 문제를 다루자면 위헌 논란은 피할 수 없는 것일까? 어떤 사람들은 이 질문들에 대해 각각 "아니다"와 "그렇다"라고 답할 것이다. 하지만 그 전에 잠시 생각해볼 만한 충분한 이유가 있다. 쉽게 답하는 것은 너무 쉽다. 한나 아렌트의 말은 여전히 유효하다. "종교나 철학적 문제에 관해 이토록 다양한 의견이 허용된 때는 일찍이 없었겠지만, 오늘날에는 진실한 사실조차 그것이 만일 어떤 집단의 이익이나 쾌락에 반하면 그 어느 때보다 강력한 반대에 부딪히게 된다."[01]

또 정부 역시 소셜미디어 사업체와 마찬가지로 처벌과 벌금뿐 아니라 경고, 공지, 그 외에 이용자들에게 무엇이 진실인지 알려 줄 수 있는 다양한 방식의 수단을 갖고 있다는 점을 다시 생각해 보자. 표현의 자유에 미치는 부정적 영향을 우려하는 사람들에게는 덜 강압적인 수단이 더 매력적으로 느껴질 것이다. 그리고 해악을 우려하는 사람들에게도 덜 강압적인 수단이 필요하고 또 충분해 보일 수 있다.

이 장에서 나는 정치와 선거운동에서 벌어지는 명예훼손 이외의 허위사실, 디프페이크, 합성 조작 영상, 공중보건을 해치는 허위사실을 포함한 다양한 문제를 살펴보고자 한다. 그 외 여러 허위사실, 여러 거짓말이 심각한 문제를 일으킨다. 여기서 논의된 문제들이 거짓말을 포함한 허위사실을 폭넓게 보호하면서도 중요한 예외를 솎아 내는 일반적인 접근법을 개발하고 구체화하는 데 기여했으면 하는 것이 나의 희망이다. 우선 정부의 역할에 집중하겠지만, 마찬가지로 민간기관의 의무에 대해 몇 가지 할 말이 있다.

현실적 악의를 넘어

현대사회에 만연한 문제가 현직 공직자 혹은 후보자에 대한 허위사실 유포이다.[02] 허위사실은 선의에서 비롯될 수도 있고, 부주의하거나 의도적일 수도 있다. 그것이 꼭 피해자를 조롱이나 경멸의 대상으로 삼거나 명예를 훼손하는 것으로 간주되지 않을 수 있지만, 그럼에도 허위이고, 당황스럽고 불편할 수 있으며, 심지어 파괴적일 수도 있다.

또한 중요한 점으로, 허위사실이 **긍정적인** 내용일 수도 있다. 예를 들면 어떤 후보자가 군 복무 중 특별한 공을 세웠다거나, 올림픽에 출전했다거나, 어떤 영웅적인 행동을 했다거나, 새 기술을 발명했다는 내용일 수 있다. 사람들은 이력서를 과장해서 쓴다. 즉, 거짓말을 한다. 정부 기관에 내는 채용 지원서에 쓴다면 어떤 거짓말은 불법이다. 채용 지원에서 거짓말한 것을 범죄로 규정할 수 있을까? 이력서에 거짓말을 쓴 것을 범죄라고 할 수 있을까? 선거운동과 관련해서는 진실을 보호하기 위한 더 광범위한 입법 노력을 쉽게 상상할 수 있다. 예를 들어 공직 후보자에 대해 일부러 거짓말을 퍼뜨리는 사람에게는 벌금을 부과하는 법을 만들 수 있다. 더 나아가 경솔하거나 부주의한 경우도 처벌할 수 있다.[03] 이와 유사한 내용을 기존 법률에서 찾아볼 수 있으며, 유효하다고 인정되기도 했다.[04]

여기서는 해악의 문제에 초점을 맞추는 것이 중요하다. 2장에서 살펴본 기본 틀과 일맥상통하게, 해악을 일으키지 않는 허위사실은 제한을 받으면 안 된다. 누가 자신의 키를 실제보다 크게 말하거나, 몸무게를 조금 줄여 말한다고 그를 처벌해야 할 정당한 이유는 없다. 공직 후보자가 지역 스포츠 팀에 대한 자신의 애정을 과장한다면, 이를테면 태어나서부터 팬이었다고 한다면, 그게 거짓말이라도, 뭐 그런 게 정치다. 일상이나 정치, 그 밖의 영역에서 거짓말을 제거하려고 진지하게 시도한다면 SF나 심하게는 호러영화에 나올 법한 악몽이 될 것이다. 간단히 정리하면 인생은 허위사실로 가득 차 있고, 많은 거짓말은 어떤 형태이든 법적 개입이 필요할 정도의 큰 피해를 일으키지 않는다. 이런 경우에 사회는 주로 선한 규범에 의존하고, 그런 규범이 최악에 속하는 거짓말(예컨대 동료나 친구, 혹은 부부 사이에서)을 방지할 것이다. 거짓말을 사법제도에서 다루려면 정말로 상당한 해악이 있어야 한다.

명예훼손 자체에 대해서는 물론 '뉴욕타임스 사건'과 그 이후의 판결 같은 지배적인 기준이 있다. 하지만 명예훼손이 아닌 경우를 생각해 보자. 어쩌면 법적인 요건을 충족하지 않거나, 허위사실이 그 대상을 더 매력적으로 보이게 하거나, 혹은 문제의 발언이 사람과 전혀 관계없는 경우가 있다. 이런 사례 외에도, 예를 들어, 어느 대선 후보가 실제로는 「건강보험개혁법」을 강력히 지지하는데도, 그가 개혁에 반대한다는 소문을 퍼뜨릴 수도 있다. 사실이 아닌데도 「수정헌법」 2조를 철폐하려 한다고 할 수도 있다. 그 후보는 모스크바에서 6개월 동안 카를 마르크스(Karl Marx)를 공부했다고 할 수도 있다. 실제로는 모스크

바에 간 적이 아예 없는데 말이다. 사실이 아닌데도 사냥을 금지하려 한다는 말을 퍼뜨리고, 사실이 전혀 아닌데도 유명한 영화배우와의 염문설을 유포할 수도 있다. 로스쿨을 수석으로 졸업했는데 로스쿨에 들어간 적이 없다고 허위로 주장할 수도 있다. 이런 주장 가운데 어느 것도 명예훼손이 아니라고 해 보자. 아니면 누군가 공중보건과 공공안전에 대해, 예를 들면 코로나19에 대해, 담배와 항생제, 화학물질에 대해 허위사실을 퍼뜨리거나 거짓말을 한다고 해 보자. 해악이 있다면, 그렇기 때문에 정부가 이에 대응해야 할까? 어떻게?

"미국에서 코로나19로 죽은 사람은 없다"

공적 발언이 얼마나 엄청난 힘을 발휘하는지 알아보기 위해 구체적인 연구 결과 하나를 살펴보자. 이 연구는 텔레비전 방송 내용 때문에 코로나19 확산세가 상당히 늘고 사망자 수도 치솟았다는 점을 발견했다.[05] 시카고대학의 리어나도 버스틴(Leonardo Bursztyn)이 이끈 연구 팀은 미국에서 가장 널리 시청되는 두 케이블 뉴스쇼, 〈해니티(Hannity)〉와 〈터커 칼슨 투나이트(Tucker Carlson Tonight)〉의 영향을 연구했다. 둘 다 폭스뉴스에서 방송하고, 시청자 수가 많을 뿐 아니라 그들 대부분이 노인이라는 점(따라서 코로나19로 인한 사망이나 중증 합병증에 더 취약하다는 점)에서 적절한 대상이었다. 뒤에서 드러나

듯이, 코로나19에 대한 칼슨과 해니티의 접근법은 매우 달랐다.

터커 칼슨은 1월 말부터 진지하게 우려했으며 위험이 심각하다고 알렸다.

불쑥 나타난 중국 코로나바이러스는 진짜로 위험한 것으로 보입니다. 이건 세계적 전염병이 되거나, 심지어 팬데믹이 될 수도 있습니다. 아직은 알 수 없습니다. 하지만 굉장히 심각한 문제가 될 수 있는 일입니다. 굉장히 심각합니다.

칼슨은 2월 초까지 계속 이런 식으로 말했다. 반면 숀 해니티(Sean Hannity)는 3월이 되어서도 위험을 과소평가했다. 2월 27일, 그는 이렇게 말했다.

그리고 오늘 현재, 감사하게도, 미국에서 코로나바이러스로 죽은 사람은 아무도 없습니다. 0명입니다. 자, 이제 이렇게 생각해봅시다. 2017년에 이 나라에서 인플루엔자로 죽은 사람이 6만 1000명입니다. 독감. 그냥 독감으로요. 매일 거의 100명씩 자동차 사고로 죽습니다.

3월 10일에도 해니티는 비슷한 맥락으로 말했다.

지금까지 보면 미국의 사망자가 30명 정도이고, 대부분은 워싱턴주에 있는 요양원 한 곳에서 나왔습니다. 건강한 사람은 전염

되더라도 보통 99퍼센트가 매우 빠르게 회복됩니다.

해니티가 논조를 바꿔서 심각한 문제로 다루기 시작한 때는 3월 중순이 다 되어서였다.

이처럼 서로 다른 접근 방식의 영향을 시험하기 위해 버스틴과 동료들은 55세 이상인 폭스뉴스 시청자 1045명을 대상으로 팬데믹 이후 생활 습관이 바뀌었는지 묻는 설문조사를 했다. 예를 들면 여행 계획을 취소했는지, 손을 더 자주 씻는지, 사회적 거리두기에 동참하는지 등을 물었다. 연구자들은 응답자들이 보는 프로그램이 무엇이고 얼마나 자주 보는지도 물었다. 이를 통해 응답자가 칼슨과 해니티의 프로그램 중 무엇을 더 많이 보는지 알 수 있었다.

조사 결과 칼슨의 경고는 효과가 있었던 것으로 나타났다. 폭스뉴스의 다른 시청자에 비해 칼슨의 시청자들은 상대적으로 일찍 생활 습관을 바꾸었다. 해니티가 2월에 사태의 심각성을 간과했던 것도 영향을 끼쳤다. 폭스뉴스의 다른 시청자에 비해 해니티의 시청자들은 상대적으로 늦게 생활 습관을 바꾸었다.

버스틴과 연구자들은 칼슨과 해니티가 감염자와 사망자 수에도 영향을 끼쳤는지 알아봤다. 이런 경험적 문제는 답을 내리기가 어렵다. 연구자들은 수많은 변수를 동원해서 다소 복잡한 분석 작업을 했다. 카운티 단위의 일간 코로나19 확진자 수와 사망자 수, 두 프로그램의 닐슨 일일 시청률 집계 등의 자료가 이 작업에 사용됐다.

핵심 결론은 명확하다. 칼슨보다 해니티의 시청자가 더 많은 곳에서 코로나19 발생 건수와 사망자 수가 유의미하게 더 많았다. 즉, 칼슨의 방송에 비해 해니티의 방송에 더 많이 노출되면 "전체 건수와 사망자 수가 증가했다". 해니티 시청자와 칼슨 시청자의 차이는 3월 중순부터 줄어들기 시작했다는 점도 중요하다. 이는 바로 그 시기부터 두 진행자의 논조가 서로 수렴하기 시작했다는 사실과 일치한다.

물론 이것은 한 가지 연구일 뿐이고, 나는 표현의 자유를 중시하는 체제에서 해니티가 말한 것을 어떤 형태로든 규제할 수 있어야 한다고 주장할 생각은 없다. 이 연구가 중요한 것은 신뢰받는 사람이 방송에서 하는 발언이 잠재적으로 어떤 해로운 영향을 끼치는지 증거를 보여 주기 때문이다. 그들의 말은 행동에 상당한 영향을 끼칠 수 있다. 영향력의 정도는 사람들이 발언자를 얼마나 신뢰하는지, 그리고 사람들이 사전에 자신이 얼마나 많은 정보를 알고 있다고 생각하는지에 따라 달라질 것이다. 떨어뜨린 물체는 낙하하지 않는다거나 고양이도 말을 할 수 있다고 방송 진행자가 말한다면, 시청자들이 그 말을 믿지는 않을 것이다. 하지만 어떤 정치인이 범죄를 저질렀다고 잘못된 정보를 전한다면, 그리고 그 진행자가 일반적으로 믿을 만하다고 평가된다면, 그 잘못된 정보도 널리 수용될 것이다. 공중보건과 관계된 정보에 관해서도 마찬가지다. 최소한 시청자들이 처음부터 진행자와 반대되는 의견을 강하게 갖고 있지 않다면 말이다.

긴장

허위사실이 심각한 해악을 초래할 위험이 있고, 표현의 자유를 좀 더 보장하면서도 그런 해악을 막을 수 있는 다른 방법이 없다면 허위사실에 대한 정부 규제가 허용돼야 한다고 나는 주장했다. 나는 또한 거짓말의 규제에서는 정부의 입증책임이 줄어든다고 주장했다. 이런 제안은 현행법과 얼마나 일치하며, 어떤 기준을 제공할까? 정치적 발언과 정치운동에 관해서만 보면 현행법은 다음 명제를 강력히 지지한다. '허위사실과 거짓말이 포함된 경우라도 정부는 손을 떼야 한다.'

'뉴욕타임스 사건' 판결에 따르면 문제의 핵심은 현실적 악의 여부라고 생각할 수 있다. '뉴욕타임스 사건' 판결이 현실적 악의의 기준을 명예훼손에 적용했지만, 그 기준은 다른 여러 허위 발언에도 확장해 적용할 수 있다. 만일 발언자가 자신의 말이 허위라고 알았거나 진위 여부에 신경 쓰지 않고 경솔하게 행동했다면, 정부가 처벌이나 규제, 책임을 부과하는 것이 헌법상 허용될 수 있다. 만일 '뉴욕타임스 사건' 판결을 그런 식으로 확장한다면 많은 정치적 허위 발언에 대한 규제도 확고한 기반을 갖게 될 것이다. 실제로 이력서에 허위사실을 쓰면 처벌 대상이 된다. 작성자가 그것이 허위임을 알았을 경우는(대부분 그렇다) 물론이다. 반면에 '앨버레즈 사건' 판결에 따르면 표현의 자유 원칙에 따라 법을 그렇게까지 확대해서 적용할 수 없다는 점이 분명한 듯하다. 이 장에서 주장한 접근법과 상통하는데, 이 판결은 심지어 고의적인 허위사실도 일반적으로 보호된다고 결정한 것으로 보인다. 그것이 표현의 자유를 보호하는 다른 방식으로 회피할 수 없는 심각한 해악을 일으키지 않는다면 말이다.

'앨버레즈 사건' 판결의 다수의견은 문제의 발언이 정부가 관행적으로 허위 진술을 금지해 온 사례의 범위에 포함되는지에도 커다란 비중을 두었다. 에드먼드 버크(Edmund Burke)의 사상을 암묵적으로 차용한 것으로, 다수의견은 어떤 결론이 오랜 시간 지켜져 왔다면 그것은 존중받을 가치가 있다고 판단한 것으로 보인다. 다수의견은 규제 가능한 허위사실의 범주를 새로 추가하기를 원하지 않았다. 역사성이 일종의 정통성을 만들어 낸다는 이론을 따른 것이 명백하다. 정치활동에서 하는 거짓말과 허위사실은 명예훼손에 해당하지 않으므로, 그에 대한 폭넓은 규제는 역사성을 주장할 수 없다. 하지만 요점은 '앨버레즈 사건' 판결에 따르면 고의적인 허위사실이라도 더 많은 표현을 통해 그에 대한 반박이 가능하다면 상당한 정도의 보호를 누리게 되며, 침묵을 강제당하지 않는다는 것이다.

이런 이유로 '뉴욕타임스 사건' 판결과 '앨버레즈 사건' 판결은 명백하고도 심각한 긴장에 놓인다. '앨버레즈 사건' 판결의 논리에 따르면 '뉴욕타임스 사건' 판결은 표현의 자유를 보호하려는 노력이 너무 부족하다. 어찌 됐건 현실적 악의의 기준을 충족하는 경우라 하더라도, 명예훼손적인 발언에 대응하기 위해 반론을 활용할 수 있다. '뉴욕타임스 사건' 판결을 내린 대법원은 그 점을 인식했어야 하지 않을까? 최소한 '앨버레즈 사건'

판결이 올바르다면? 우리가 '앨버레즈 사건' 판결의 결론과 논리에 동의한다면, 어떤 사람이 누군가에 대해 알면서도 거짓말하고 그 사람의 명예를 훼손했을 때, 그에 대한 해결책은 반론이라고 결론을 내려야 하지 않을까? 어떤 사람이 대선 후보가 강력 범죄를 저질렀다고 말하고 그 말이 거짓말인 것도 안다면, 헌법적으로 요구되는 대응은 손해배상 청구가 아니라 반론이 될 수 있다. 실제로 그것이 '앨버레즈 사건' 판결의 논리인 것으로 보인다. 이 판결은 미 의회 메달 오브 아너 수훈에 대한 고의적인 거짓말을 두고, 헌법이 제시하는 해법은 반론이라고 강조한다. 그럼에도 '앨버레즈 사건' 판결은 '뉴욕타임스 사건' 판결을 문제 삼지 않는다.

두 판결을 조화시키는 한 가지 방법은 '앨버레즈 사건' 판결의 다수의견으로 돌아가서, 추상적 이론이 아니라 역사성을 강조하는 것이다. 명예훼손이라는 개념은 오랜 시간 지켜져 왔다. 굉장히 오랜 기간 계속 있었다. 즉 대법원은 적절하게 제한되는 한 명예훼손 소송을 허용할 것이라는 의미이다. 대조적으로, 사실관계에 대한 허위 진술을 손해배상 소송 제기가 가능한 일반적 예외로 삼는 것은 그것이 심지어 거짓말에 해당한다고 해도 역사적으로 선례가 없다. 역사적 관점 외에도, 명예훼손적 발언은 실제로 반론을 통해 대응하기가 어렵고, 해악이 매우 임박하고 그 가능성도 크며, 정도가 심각한 경우가 많아 피해 배상이 정당하다고 생각할 수 있다. 미 의회 메달 오브 아너를 받았다는 가짜 주장이라면, 그것은 병적인 자아도취적 거짓말의 일종이다. 하지만 그것은 바로잡을 수 있고, 해악의 측면에서 보면 명예훼손만큼 심각하지는 않다. 만약 주지사가 혹은 연예인이 강간범이라고 누군가 잘못된 주장을 한다면, 그것은 훨씬 심각한 문제로 다뤄야 한다.

정치활동에서의 허위사실 규제와 관련해 이것이 어떤 의미를 갖는가? 만약 그런 규제가 명예훼손 외에도 적용된다면, 심각한 해악을 일으키고 반론을 통해 그 피해를 충분히 줄일 수 없는 예외적인 경우에 해당하지 않는 한, 내가 옹호한 원칙과 '앨버레즈 사건' 판결에 따라 그런 규제는 헌법적으로 무효라고 강력히 주장할 수 있다. '앨버레즈 사건' 판결이 시사하고 여기서도 설명한 예외적인 경우의 의미가 전적으로 분명하지는 않다. 법원은 아마도 정치란 원래 더러운 것이고 대부분의 경우에는 반론이 올바른 처방이라는 판결을 내리고 싶을 것이다. 하지만 만일 누군가 고의적으로 허위사실을 퍼뜨리고, 그 허위사실이 민주적 절차에 부정적 영향을 끼친다면, 정부가 어떤 종류의 제재나 대응책을 강요하는 것이 헌법에 위배된다고 주장하는 것이 실제로 옳을까? 그것이 그렇게 확실할까?

아마도 충분히 확실할 것이다. 단속 주체가 편향될 가능성을 우려할 이유는 명백하다. 정치적 동기가 명백한 (대통령이나 총리 같은) 정치적 행위자의 손에 단속권이 있는 경우에는 특히 그렇다. 이런 이유로, 적어도 신중한 접근법을 취해야 한다는 주장에 설득력이 있다. 대응을 해야 한다면 최선의 방안은 의무적인 경고나 공지가 될 수 있다. 그런 대응은 온라인으로

할 수 있을 것이다. 또 정치 영역에서의 허위사실에 대한 모든 규제는 연방 선거관리위원회와 유사한 독립기관이 실시해야 한다는 주장도 설득력이 있다. 약간의 벌금과 일종의 삭제 요구권을 포함해 지금까지 살펴본 바와 같은 방안을, 이해관계를 서로 조화시킬 수 있도록 적용할 수 있을 것이다.

물론 방송국과 신문사, 소셜미디어 사업체가 움직일 수 있는 공간은 훨씬 넓다. 이들은 「수정헌법」 1조의 제약을 받지 않으므로, 자신들이 적절하다고 판단하는 바에 따라 더러운 수법에 대응할 수 있다. 공직 후보자에 대한 허위 발언으로 야기되는 명백한 위험을 발견할 경우 페이스북, 트위터, 유튜브는 그런 발언을 규제 혹은 삭제하는 등 지금보다 더 많은 조치를 할 수 있다. 정치광고에 포함된 허위 발언도 마찬가지다. 반론이 올바른 대응이라고 말하는 것만으로는 충분하지 않다. 물론, 소셜미디어 사업체에 대한 불신에도 일리가 있다. 누가 그들을 진실 순찰대로 임명했나? 그들이 그런 역할을 맡아야 하는 이유는 무엇인가? 이 문제를 잠시 다뤄 보자.

디프페이크와 합성 조작 영상

명예훼손은 오래된 문제인데, 어떤 면에서 명예훼손과 비슷하면서 때로는 그것을 현대판으로 업그레이드한 것이 디프페이크이다. 이는 기술의 산물로 인공지능이나 머신 러닝에 기반을 두고, 너무나도 진짜 같은 사진과 영상을 만들어 누가 무슨 행동을 하거나 말하는 것처럼 보여 주지만, 실제로 그 사람은 그런 일을 하거나 말을 한 적이 전혀 없다.[06] 누군가의 사진만 있으면 이제 마치 그 사람이 조국을 모욕하거나, 가게에서 물건을 훔치거나, 롤링스톤스의 노래에 맞춰 격렬하게 춤추는 것처럼, 사실상 어떤 영상이든 만들어 낼 수 있는 기술이 있다. 디프페이크 포르노는 이제 흔하게 널려 있다.[07] 디프페이크는 공직 후보자를 음해하는 수단으로 쉽게 사용될 수 있다.

'합성 조작 영상'이란 기술을 사용해 실제 영상을 변조해서 마치 어떤 사람이 실제로 하지 않은 일을 하거나 말한 듯이, 혹은 실제와 다르게 한 듯이 만든 것이라고 정의할 수 있다.[08] 합성 조작 영상은 실제로는 혐오하는 대상을 지지하는 것처럼, 혹은 범죄를 저지른 것처럼, 조국에 충성하지 않는 것처럼, 부적절한 행동을 전혀 한 적이 없는데도 한 것처럼, 술에 취하거나 아니면 장애를 입은 것처럼 나타낼 수 있다. 어떤 경우에는 합성 조작 영상이 너무 사실적이어서 시청자들이 합성인 줄 믿지 않을 정도이다. 이런 영상은 명예훼손이 될 수도 있다.[09] 나는 여기서 주로 디프페이크에 대해 말하겠지만, 관련 분석은 합성 조작 영상에도 적용된다.

맛보기로, 그리고 무슨 일이 일어나고 있는지 감을 잡는 차원에서, 몇 가지 가상의 사례를 살펴보자.

— 제인 존스는 고등학교 교사이다. 디프페이크 영상은 그녀가

학생과 로맨틱한 상황에 있는 것처럼 보여 준다.

— 필립 크로스는 공직 후보자이다. 디프페이크 영상은 그가 히
틀러와 홀로코스트를 지지하는 것처럼 보여 준다.

— 존 사이먼스는 여덟 살이다. 디프페이크 영상은 그가 '에너지
알약'을 먹고 즉석 농구 경기에서 맹활약을 펼치는 것처럼 보
여 준다.

— 디프페이크 영상은 테일러 스위프트의 노래를 연주하는 비
틀스를 보여 준다.

— 디프페이크 영상은 십 대처럼 말하는 모나리자를 보여 준다.

— 디프페이크 영상은 마이클 잭슨처럼 춤추는 래브라도레트리
버를 보여 준다.

— 디프페이크 영상은 미국 법무 장관이 술에 취해 몸을 못 가누
는 모습을 보여 준다.

'앨버레즈 사건' 판결로 볼 때 디프페이크 영상을 단순히 디
프페이크라는 이유로 규제할 수는 없을 것이다. 디프페이크는
기본적으로 허위사실이고, 그런 점에서 해악을 일으키지 않는
한 보호받는다.[10] 어떤 해악을 일으킬까? 디프페이크에 사용된
사람들에게 해악은, 명예의 손상이라는 성격을 띤다. 디프페이
크가 호의적이거나 해롭지 않을 수도 있지만, 반면 명예훼손에
가깝거나 그와 비슷한 형태가 될 수도 있다. 디프페이크는 사람
을 조롱거리로 만들거나 지역사회에서 비난받게 만들 수도 있
다. 만일 그것이 명예훼손이라면, 즉 디프페이크 영상의 내용이

명예훼손에 이른다면, 그것은 '뉴욕타임스 사건' 판결과 '거츠 사건' 판결의 기준에 따라 규제될 수 있다. 영상에서 묘사된 사람에 대한 피해와 별도로, 디프페이크는 사회에 피해를 입힐 수도 있다. 예컨대 공직 후보자를 음해하고 그에 따라 민주적 절차를 왜곡하는 방식으로 말이다.

하지만 디프페이크 그 자체가 꼭 명예훼손인 것은 전혀 아니다. 디프페이크는 긍정적일 수도 있다. 누군가를 인상적이거나 멋지게 만들 수도 있다. 예를 들어, 어떤 국회의원이 테니스나 골프를 프로급으로 치는 것처럼 보여 주는 디프페이크도 있을 수 있다. 그리고 사람들이 그 디프페이크 영상을 사실로 믿지 않는다면 해악은 전혀 없을 것이다. 만약 1960년대에 활동한 (멤버 중 두 명이 사망한) 록밴드가 요즘 가수의 노래를 연주하는 것을 보여 준다면, 어떤 엉뚱한 발상이나 유머, 풍자를 다루는 셈이고 이 모든 것은 「수정헌법」 1조에 따라 보호돼야 한다.[11] 해악의 위험성은 사람들이 본 것을 실제로 일어난 일이라고 생각할 때 발생한다. 누구가 누구와 연인 사이인 것처럼, 혹은 실제로는 반대하는 정치적 입장을 지지하는 것처럼 허위로 묘사된다면 그 사람은 실제로 피해를 입을 수 있다. 이런 맥락에서 다음 명제를 검토해 보자. **정부가 디프페이크를 규제하거나 금지하는 것은 다음 경우에 「수정헌법」 1조에 위배되지 않는다. ① 디프페이크라는 것이 상식적으로 분명하지 않거나, 명시적이고 분명하게 디프페이크라는 점을 밝히지 않았고, ② 그것이 평판에 심각한 피해를 일으킬 경우.** ②항은 기존의 명예훼손법에 기반하

지만 그보다 범위를 확장한 것에 주목하자.[12]

'앨버레즈 사건' 판결의 다수의견에 고무되면 다음과 같은 반응이 가능하다. 디프페이크에 대한 최선의 대응은 반론과 공지이지 검열이 아니다. 이 점은 민간기관과 정부 모두에 해당한다. '평판의 피해'라는 개념은 너무 모호하다. 소셜미디어 사업자는 서비스 이용자들이 디프페이크는 디프페이크라는 알림을 받아야 한다고 결론 내리고, 합성 조작 영상을 삭제해야 한다는 견해를 거부할 수 있다. 이용자들은 해당 영상이 어떤 맥락에 있는지 파악하는 데 필요한 정보를 얻을 수 있는 한 그 영상을 볼 수 있어야 한다는 결론을 내릴 것이다. '앨버레즈 사건' 판결의 다수의견은 이렇게 정리했다. "허위인 표현에 대응하는 해법은 진실한 표현이다. 이는 자유로운 사회라면 당연한 과정이다."[13] 트위터가 이런 방식의 접근법을 채택했다. 트위터는 조작된 미디어에는 표시를 한다(그리고 "해악을 끼칠 것으로 보이는" 트위트들은 삭제하기도 한다).[14]

헌법적 문제로서, 정부가 무엇을 할 수 있는지에 관해서도 비슷하게 말할 수 있다. 아마 정부는 표현의 자유를 최대한 보장하는 방식을 선택해야 할 것이다. 예를 들어 '앨버레즈 사건' 판결에서 다수의견은 이렇게 설명했다. "정부는 왜 반론으로는 그 목표를 달성하기에 충분하지 못한지 입증하지 않았고, 입증할 수 없다. 이 사건의 사실관계는 자유로운 표현, 반론, 반박이 오가는 과정을 통해 거짓말은 극복될 수 있다는 점을 나타낸다."[15] 또 이렇게 덧붙였다. "그러나 정부가 무공훈장 체계의 진실성을 보호할 수 있으면서 표현의 자유를 덜 제약하는 수단이 적어도 한 가지 있다. 미 의회 메달 오브 아너 수훈자들의 목록을 담은 데이터베이스를 정부가 구축하는 것이다. 데이터베이스를 인터넷에서 살펴볼 수 있다면 허위 주장을 검증하고 폭로하기 쉬울 것이다."[16]

하지만 이 판시가 디프페이크에 대한 충분한 대응이라는 견해를 옹호하기는 어려울 것이다. 누군가 전혀 하지 않은 일을 한 것처럼, 혹은 반대하는 입장을 지지하는 것처럼 묘사할 경우, 공개적인 데이터베이스를 구축한다고 해서 피해가 회복될 것으로는 전혀 보이지 않는다. 표현의 자유를 보호하는 방식의 대안은 아마도 사람들이 영상을 보기 전에 그것은 가짜라고 분명히 공지하고 알리는 것일 듯하다. '앨버레즈 사건' 판결에 따르면 디프페이크에 대해 그런 종류의 규제를 하는 데 헌법적으로 문제가 없다. 최소한 해악을 충분히 입증할 수 있다면 말이다. 그리고 같은 논리가 합성 조작 영상에도 적용된다.[17] 충분한 입증이란 뭘까? 명예훼손은 좋은 대답이지만 유일한 것은 아니다. 어떤 사람이 하지 않은 일을 했다는 인상을 사람들이 받는다면, 바로 그 이유로 해악이 될 수 있다.

정부가 공지에서 더 나아간 조치를 할 수 있어야 할까? 더 적극적인 조치라면 아마도 독립적인 위원회에서 시행하는 벌금 부과와 게재 중단, 삭제 명령 같은 형태가 될 것이다. 또는 민사적 불법행위에 대해서처럼 명예훼손법을 바탕으로, 개인의 인격에 일종의 재산권을 창설하여 민사소송의 청구원인에 따라 절차를 진행할 수 있을 것이다.

어떤 의미에서 보면 디프페이크와 합성 조작 영상은 전혀 새로운 문제가 아니라고 답하고 싶을지도 모른다. 이들은 사실에 관한 허위 진술에 해당한다. 만약 법무 장관이 술에 취해 몸을 가누지 못하는 모습을 보여 주는 디프페이크 영상이 있다면, 그것은 아마도 이런 실감 나는 진술과 그다지, 혹은 전혀 다르지 않을지도 모른다. "나는 법무 장관이 술에 취해 몸을 가누지 못하는 모습을 봤다." 디프페이크가 담고 있는 핵심 내용이 이렇게 글로 쓰인 경우라면(예컨대 그것이 명예훼손이나 외설에 해당하는 등 별도의 이유가 없는 한) 규제받거나 금지되지 않는다. 왜 디프페이크 자체는 다르게 취급돼야 할까?

합리적인 답변은, 디프페이크(그리고 합성 조작 영상)는 독특한 유형의 진실성을 담고 있다는 것이다. 그 영상들은 단순한 언어적 표현에 비해 더 믿음이 간다. 다시 말하면, 스스로를 진실해 보이게 만든다. 인간의 마음은 그것들을 쉽게 무시하지 못하며, 설령 무시한다고 해도 마음 한구석에서는 여전히 믿는다. 행동과학이 인간 정신의 인지 활동을 두 계열로 구분한다는 점을 다시 생각해 보자. 시스템 1은 빠르고 자동적이다. 시스템 2는 신중하고 더 느리다.[18] 시스템 1과 시스템 2는 디프페이크와 현실을 구분하지 않는다. 시스템 2에 적절한 정보가 제공되더라도, 시스템 1은 여전히 그 영향에 남아 있을 가능성이 높아, 일종의 정신적 메아리를 듣는다. (진실 편향에 대한 이야기를 떠올려 보자.) 술 취한 법무 장관의 디프페이크를 보고 나면,

그 영상을 머릿속에서 지워 버리기 쉽지 않을 것이다. 이런 이유로, 디프페이크(그리고 합성 조작 영상)는 그것과 같은 주제의 내용을 담은 문장이 규제 대상이 아닌 경우에도 정당하게 규제와 감독의 대상이 된다고 말하는 것은 설득력 있다. 그리고 앞서 봤듯이, 사실관계에 관한 어떤 허위 진술은, 그것이 명예를 훼손하지 않더라도 정치적 절차를 심각하게 해칠 경우 규제할 수 있다.

민간기관이라면 더욱 적극적인 조치도 아주 적절할 것이다(자세한 사항은 바로 다음에 다룬다). 정부는 디프페이크와 합성 조작 영상에 대해 분명한 공지 지침을 내려야 한다. '앨버레즈 사건' 판결의 논리에 따르면, 금지나 벌금은 유지되기 어렵다. 내가 제안한 헌법적 심사에 따르면, 디프페이크에 대해 금지나 벌금을 시행해야 하는지 답하기는 정말로 어렵다. 물론 명예훼손에 해당한다면 통상적인 기준이 적용된다. 명예훼손에 해당하지 않는다면, 확실하고 눈에 잘 띄는 공지를 요건으로 삼는 게 가능하다는 조건으로, 금지 등의 지침은 철폐돼야 한다는 게 나의 생각이다.

페이스북은 무엇을 했는가

이러한 결론은 텔레비전 방송국, 페이스북과 유튜브, 트위터 같은 소셜미디어 플랫폼에 강력한 영향을 준다. 생각해 낼 수 있는 제한을 통해 민주적 절차와 개인의 생명을 각각, 혹은 모두 보호할 수 있다. 2019년 페이스북은 이런 일반적 검토에 응답하여 디프페이크를 금지한다고 발표했다.[19] 이는 올바른 방향으로 가는 중요한 걸음이다. 하지만 그것으로 충분할까?

페이스북이 사려 깊은 공지에서 지적한 대로, 영상은 해를 끼치지 않는 선에서 수정될 수 있다. 이를테면 영상을 선명하게, 음성을 또렷하게 보정할 수 있다. 농담이나 풍자, 패러디, 정치적 표현임이 분명한 변형도 있다. 예를 들면 록 스타나 정치인을 거인으로, 아니면 초능력을 지닌 존재로 그리는 경우가 있다. 변형은 정부나 페이스북이 규제하려는 것이 아니다. 페이스북의 정책을 보면 "이용자를 오도하는 조작 영상"은 오직 두 가지 조건이 충족되는 경우에만 삭제한다고 밝히고 있다.

- 선명도나 화질, 음질 조정의 범위를 넘어 편집 혹은 합성된 것으로 그 점을 일반인이 쉽게 알아챌 수 없고, 영상 속 인물이 실제로 하지 않은 말을 했다고 사람들이 오해하도록 하는 것
- 인공지능이나 머신 러닝이 만든 것으로 영상에 콘텐츠를 합성, 대체 혹은 겹쳐 놓음으로써 그것이 진짜인 것처럼 보이게 하는 것

첫 번째 조건은 어떤 의미에서는 내가 여기서 제안한 것과 비슷하다. 일반인은 합리적이라고 간주해야 한다. 심각한 해악이라는 조건은 없다(정부가 아닌 민간기관의 규제를 다루는 한

그런 조건은 없어야 할 것이다). 두 조건은 페이스북의 우려, 즉 누군가 전혀 하지 않은 말을 했다고 일반인이 착각하게 만들기 위해 새로운 첨단기술을 사용하는 것에 딱 맞게 고안됐다.

페이스북의 공지는 또한 어떤 영상이 새로운 정책에 따라 제거되지 않더라도, 다른 안전 장치가 발동될 수 있다는 점을 분명히 했다.[20] 예를 들어, 어떤 영상이 적나라한 폭력이나 누드를 담고 있으면 삭제될 것이다.

페이스북의 현재 조치는 과거에 비해 상당한 발전으로 평가해야 하며, 다른 소셜미디어 플랫폼들도 도입을 검토할 수 있을 것이다. 유튜브의 조치도 비슷하게 적극적이다. 유튜브는 "(맥락에서 벗어나는 클립을 삭제하는 것 이외에) 커다란 해악을 일으킬 심각한 위험이 있는 사건을 조작하려고 기술적으로 조작된 영상 콘텐츠"를 단호히 금지한다.[21] 페이스북과 달리 유튜브는 커다란 해악이라는 조건을 둔 점에 주목하자. 이 조건은 안타깝게도 모호하지만, 유머나 풍자, 또는 일종의 논평으로 사용된 조작을 허용하기 위한 것임이 분명하다.

페이스북의 조치에서는 두 가지 문제점이 남는다. 첫째는 디프페이크가 사용된 경우에도, 디프페이크가 말이 아니라 행동을 그리는 경우에는 규정이 적용되지 않는다는 것이다. (첫 번째 조건에서, 디프페이크 영상 속 인물이 "실제로 하지 않은 말"을 한 것으로 묘사해야 한다고 규정한 것을 생각하자.) 공직 후보자가 테러리스트와 일하거나, 어린이를 때리거나, 마약을 하는 장면을 인공지능으로 만들어 낸다고 생각해 보자. 새로운 규정도 이런 영상에는 전혀 적용될 수 없을 것이다. 이건 심각한 구멍이다. 다른 경우라면 금지 대상이 될 만한 행동을 나타내는 디프페이크는, 영상 속 인물이 아무 말을 하지 않더라도 페이스북과 그 외 다른 플랫폼에서 금지돼야 한다.

두 번째 문제는 금지 대상이 인공지능이나 머신 러닝의 결과물로 제한된다는 것이다. 하지만 왜? 영상이 다른 방식으로 조작됐다고 해 보자. 예를 들어 누군가 술에 취하거나 마약을 한 것처럼 보이게 하려고 재생 속도를 늦출 수 있다. 낸시 펠로시에 관한 조작 영상이 그런 경우로 잘 알려져 있다. 또는 주지사 후보를 겨냥하여, 인공지능이나 머신 러닝을 쓰지 않고도 첫 번째 조건에 어긋나는 내용을 담은 일련의 영상이 나온다고 생각해 보자. 즉, 후보자가 실제로 하지 않은 말을 했다고 일반인이 생각하게끔 편집 혹은 합성된 영상이다. 중요한 것은 사람들을 속이려고 사용된 특정한 기술이 아니라, 받아들일 수 없는 기만 행위가 일어났는가 하는 점이다.

소셜미디어의 허위사실

지금까지 살펴본 대로라면 페이스북과 트위터, 유튜브는 잘못된 정보에 대처하는 데 훌륭한 역할을 한 것으로 보인다. 동시에, 페이스북의 정책이 선거광고에서 허위사실을 허용하는 것은 심각한 의문을 불러일으킨다. 페이스북은 광고를 이용한 거짓말과 허위사실의 확산을 막기 위해 고안된 독립적 팩트체킹 프로그램에서 '정치인'을 제외함으로써 사실상 손을 놓아 버렸다. 페이스북은 거짓말과 허위사실이 민주적 절차를 잠식하는 위험을 방지할 새로운 방법을 시급히 찾아야 한다.

페이스북이 허위사실 확산을 줄이는 몇 가지 조치를 취한 것은 잘한 일이다. 독립적인 팩트체커가 어떤 정보는 잘못되었다고 독자적으로 판단할 경우, 페이스북은 그 정보가 뉴스피드에 덜 노출되도록 한다.[22] 또 "페이스북과 인스타그램의 콘텐츠 가운데 독립적인 팩트체커가 거짓 혹은 일부 거짓이라고 판정한 것들"은 "분명하게 표시될 테고, 그럼으로써 사람들은 무엇을 읽고, 믿고, 공유할지 더 잘 결정할 수 있을 것이다".[23] 거짓 혹은 일부 거짓인 사진과 영상 상단에는 알림 표시가 나타나며, 팩트체커의 평가를 볼 수 있는 링크가 달린다. 이는 "사람들에게 맥락을 더 알려 주고 뉴스 이해력을 높임으로써 이용자가 무엇을 읽고, 믿고, 공유할지 스스로 결정하는 자율권을 준다"라는 페이스북의 목표 중 하나이다.

일부 광고에 관해 페이스북은 더 나아갔다. 페이스북은 단호하게 "독립적 팩트체커가 거짓이라고 확인한 주장, 또는 어떤 경우에는, 특별한 전문성을 갖춘 단체가 거짓으로 판정한 주장을 담은 광고를 금지한다."[24] 이 정책은 "백신에 관한 잘못된 정보로 세계보건기구(WHO)와 같은 국제적 보건 기구에서 확인하고 검증한 것"에도 적용된다. 2018년 중간선거 이전에 페이스북은 여러 종류의 잘못된 정보(예컨대 투표일, 투표 장소, 유권자 자격)와 폭력 위협 등 투표 방해의 방지 대책을 확대했다는 점에도 주목하자. 이 대책에 따르면 그와 같은 포스팅은 일단 발견되면 플랫폼에서 삭제된다(보통은 페이스북 자체 시스템으로 이뤄지지만, 신고도 가능하다). 선거에 관해서는 트위터와 유튜브도 정책을 세워서[25] "유권자에게 고의로 잘못된 선거일을 말하는 행위"와 "유권자 등록 요건을 허위로 알리는 경우", 이를테면 50세 이상인 사람만 투표를 할 수 있다고 말하는 경우를 금지한다.[26] 그리고 잘못된 정보에 대해 트위터는 표시와 경고를 사용해 그 영향력과 확산을 줄이려고 한다.[27]

페이스북 글로벌 이슈 및 커뮤니케이션 부문 부사장 닉 클레그(Nick Clegg)는 페이스북이 정치광고는 예외로 둔 데 대해, 정치광고는 전혀 다른 범주에 속하며 진실성 검증의 대상이 되어서는 안 된다고 옹호했다. 공직 후보자가 상대 후보를 가리켜 살인미수로 복역했다거나 마약중독자라거나 테러활동에 가담했다거나, 외국 공무원을 매수하려 했다고 거짓말해도 분명 페이스북은 아무것도 하지 않을 것이다. 클레그 부사장은 이렇게 설명한다. "우리는 표현의 자유를 위해 싸우며, 그것을 제한하려는 시도에 맞서 싸운다. 정치적 담론을 검열하거나 억누르는 것은 우리의 정체성과 어긋날 것이다."

동시에 그는 정치인이 제외되지 않는 한 가지 예외를 발표했으니, "이미 거짓으로 확인된 내용"이다. 만약 정치인이 과거에 팩트체커가 이미 거짓이라고 확인한 내용을 공유한다면, 그 내용은 광고에 허용되지 않을 것이다. 하지만 새로운 허위사실이라면, 그것은 허용된다. 즉, 페이스북은 "정치인의 발언은 페이스북의 독립적 팩트체커에게 의뢰하지 않으며, 우리의 일반적 콘텐츠 규정 위반에 해당할 때도 보통 그 발언의 플랫폼 게재를 허용한다." 하지만 정확히 왜? 모든 방송사와 소셜미디어 플랫폼은 명백한 거짓말을 담은 광고를 거부할 수 있는 법적 권리가 있다.

페이스북의 입장에서 할 수 있는 최선은 밀의 논지처럼, 진실과 거짓을 가려내기가 얼마나 어려운지 지적하는 것이다. 사실('상대 후보는 범죄를 저질렀다')과 의견('상대 후보는 감옥에 가야 한다')을 구분하는 것이 어려울 수 있다. 어떤 경우에는 사실관계의 오류가 분명하고 입증 가능할 수도 있다. 다른 고려를 하지 않는다면 그것들은 허용되어서는 안 된다. 하지만 페이스북이 정치광고에서 분명하고 입증 가능한 오류를 삭제하는 일을 하게 되면 곧 그것을 후회할 것임은 쉽게 생각할 수 있다. 온갖 정치인이 곧장 자신에 대해 상대 후보가 거짓말한다고 주장하며 그들의 광고를 삭제하라고 페이스북에 요구할 것이다. 페이스북의 결정은 정치적으로 편향됐다는 비난의 대상이 될 것이 뻔하다.

정치 편향이라는 비난이 기회주의적이든 진심이든 간에, 페이스북은 일반원칙을 채택하는 게 더 타당하다는 결론을 내릴 충분한 이유가 있다. 모두가 무한 경쟁을 벌이는 것이다. 얼마나 공정한가. 하지만 소셜미디어 플랫폼 때문에 거짓말과 잘못된 정보가 순식간에 무수한 사람들에게 퍼지는 것을 우리는 이미 봤다. 알고리즘과 개인화로 인해, 허위사실을 퍼뜨리는 사람은 그것을 잘 수용하는 사람들에게 점점 더 다가갈 수 있고, 그들을 위한 맞춤형 메시지를 만들어 낸다. 문제는 점점 더 나빠질 뿐이다.

이는 평범한 시민들이 무엇이 진실인지 알 수 없고, 그래서 결국에는 자신을 가장 잘 속이는 자들, 혹은 권력이 가장 센 사람을 믿게 되는 정치 질서를 만들어 낼 위험이 있다. ("당은 당신이 당신의 눈과 귀의 증거를 거부하라고 말한다. 그것은 당의 최종적인, 가장 중요한 명령이다."―조지 오웰의 『1984』) 이 위험에 대처하려면, 표현의 자유가 중요하다는 관념만으로는 충분하지 않다. 정치광고라고 해도 소셜미디어 플랫폼은, 예를 들어 명예훼손법을 동원해서, 어느 정치인을 겨냥한 분명한 명예훼손 발언이라면 선을 넘은 것으로 취급하는 방안을 생각해 볼 수 있다. 다양한 유형의 허위 발언에 대해서는 경고와 알림 같은 덜 침해적인 수단을 사용할 수도 있다. 특히 페이스북은 독립적 감독 위원회를 만드는 기존 방안에 덧붙여, 심각한 해악을 초래할 것이 분명하며 검증 가능한 허위사실을 삭제하는 권한을 해당 기구에 부여할 수 있다. 일부 국가의 관행을 따라, 페이스북은 선거 직전 기간에 정치광고 방영을 거부할 수도 있다.

페이스북이 진리부 같은 역할을 떠맡지 않으려는 것은 쉽게 이해할 수 있다. 하지만 『1984』와 현실은 다르다. 페이스북과 그 외 다른 소셜미디어 플랫폼들은 잘못된 정보와의 싸움에서 중요한 발걸음을 내디뎠다. 하지만 어떤 의미에서, 그들은 매일매일의 민주적 토론에서 진실이 갖는 힘을 약화시키는 상황에 기여하고 있다. 이는 민주주의 자체를 위협한다. 그리고 문제가 남는다. 민주주의가 위협받는데 그들, 또는 우리는 무엇을 할 것인가?

보건과 안전

우리는 보건과 안전에 관한 수많은 허위사실 그리고 거짓말을 보아 왔다. 첫 번째 문제는 정부 공직자가 그것을 규제할 권한이 있는가이다. 두 번째 문제는 민간기관은 무엇을 해야 하는가이다. 다시 말하지만, 첫 번째 문제는 헌법적 사안과 관련이 있고 두 번째 문제는 그렇지 않다.

허위광고에 관한 한 공직자에게 커다란 권한이 있는 것이 분명하다. 만약 어떤 제품이 심장병을 예방한다거나 부작용이 없다고 누군가 허위로 주장하면 정부는 거액의 벌금을 부과할 수 있다. 정말 다행스러운 일이다. 상업광고는 표현의 자유 원칙이 보호하는 핵심이 아니고, 보건이나 안전을 위협할 우려가 있는 광고는 상당히 심각한 해악의 위험을 초래한다.

하지만 우리가 상업광고가 아니라 과학적, 의학적, 혹은 그 외 다른 허위 주장을 다룬다고 생각해 보자. 그런 허위 주장은 이기적인 동기 때문일 수도 있고, 실수이거나 다른 이유 때문에 생겨났을 수 있다. 규제하기 가장 쉬운 경우는 '뉴욕타임스 대 설리번 사건'[28]과 '브랜던버그 대 오하이오 사건'[29]이 교차하는 지점에 있다. 즉 ① 발언자가 자신이 하는 말이 거짓임을 알고 있고(따라서 현실적 악의가 있고) ② 해당 주장이 명백하고 현존하는 해악의 위험을 초래하는 경우이다. 이런 경우 규제를 허용해야 한다는 주장은 명백해 보인다. 우리가 조건을 살짝 낮춰서 ① 발언자가 자신이 하는 말이 거짓인 줄은 실제로 몰랐지만, 진위 여부에 대해 경솔하게 무관심한 경우로 바꿔도 거의 비슷하게 명백할 것이다. 이런 경우에는 현실적 악의의 기준도 충족된다.

규제의 명분이 가장 약한 것은 다음의 경우이다. ① 발언자가 부주의했지만 자신이 하는 말이 진실하다고 믿었고 ② 해당 주장이 위험을 초래하지만 임박한 것으로 보기는 어렵고, 그런 위험이 실현될 수도 있지만 적어도 원론적으로는 반론을 통해 막을 수 있는 경우. 코로나19, 흡연, 비만, 운동 부족, 소금과 설탕 과다 섭취가 건강에 끼치는 악영향에 관해 의문을 제기하는 다양한 사람의 주장이 이 경우에 해당할 것이다. 이런 주장을 우리가 허위로 규정한다고 해도, 표현의 자유 체제에서는 ①과 ②에 해당하는 사례는 규제하지 않는 것이 최선이다. 5장에서 살펴봤듯이 허위사실도 보호해야 한다는 주장은 이들 사례에 제한을 가하는 것에 강력히 반대한다.

이런 맥락에서 우리는 중간 단계의 사례를 살펴볼 수 있다. 그중에는 ① 발언자가 자신이 하는 말이 진실이라고 믿지 않고 ② 해당 주장이 위험을 초래하지만 임박한 것으로 보기는 어렵고, 그런 위험이 실현될 수도 있지만 적어도 원론적으로는 반론을 통해 막을 수 있는 경우가 있다. 내 견해로는 이런 경우 규제가 정당하다. 발언자는 거짓말하는 것이고, 거짓말은 의도하지 않은 허위사실만큼 보호받아야 할 가치가 없다. 현실적 위험의 존재는 거짓말의 규제를 정당화하기 충분하다. 사기 같은 문제가 여기에 해당한다.

그 외에 ① 발언자가 자신이 하는 말을 진실이라고 믿고 있지만 실제로는 허위이고 ② 해당 주장이 명백하고 현존하는 해악의 위험을 초래하는 경우가 있다. 이런 경우는 발언자가 선의에서 행동하고 있기 때문에 규제하기가 좀 더 까다롭다. 하지만 그들이 말하는 것이 거짓이라면, 그리고 해악이 임박하면서도 가능성이 있다면, 표현의 자유 원칙 때문에 규제가 아예 배제돼서는 안 된다. 물론 이런 경우에는 관련 문제를 평가하는 독립적 위원회가 활동할 수 있도록 보장하고, 정부 공직자에게는 더무거운 입증책임을 지게 하는 것이 필수적이다.

소셜미디어 회사는 어떨까? 페이스북의 규정은 "임박한 폭력 또는 물리적 피해를 일으킬 위험을 높이는 잘못된 정보"의 삭제를 허용한다. 여기서 기준이 세 갈래로 이뤄진 것에 주목할 필요가 있다. ① 해당 정보가 허위이며 **그리고** ② 그것이 초래하는 위험이 **임박한** ③ 폭력 또는 물리적 피해여야 한다. 이 조건은 명백하고 현존하는 위험의 기준과 비슷하다. 특히 '임박한' 폭력 또는 물리적 피해의 위험을 강조한다는 점에서 그렇다. 코로나19와 관련해서, 페이스북은 만일 어떤 제품을 섭취하면 치료

되거나 면역력이 생긴다, 50세 이하라면 위험성이 없다고 주장하는 허위사실을 삭제할 것이다. 비슷한 사례로, 페이스북은 만일 누군가 "사회적 거리두기는 효과가 없다"라거나 "마스크를 쓰면 병에 걸린다" 같은 말을 하면 그 포스트는 삭제될 것이라고 분명히 밝혔다. 이 기준은 확률이 얼마나 높아야 '위험'을 일으킬 정도로 충분히 높은지 구체화하지는 않았다.

하지만 그 위험이 **임박한** 폭력이나 해악이 아닐 경우, 잘못된 정보는 허용된다(물론 사실관계에 관한 주장으로 독립적 팩트체커가 허위라고 판정한 경우 적용되는 알림 표시나 그 밖의 다른 조치를 취하는 규정의 제재를 받을 수는 있다).[30] 예를 들어 누군가 '담배는 암이나 심장병, 그 밖의 다른 피해를 일으키지 않는다'거나 '안전벨트를 매면 사망 위험이 높아진다' 혹은 '소금과 설탕은 건강에 좋다. 많을수록 좋다!'고 게시했다고 가정해 보자. 해악의 위험이 임박하지 않으므로 이런 허위사실은 삭제되지 않을 것이다. 페이스북 경영진이 설명했듯이, "위험이 즉각적이고, 토론할 시간이 없는 표현이야말로 우리가 특히 중요하게 대처해야 할 표현이다".[31]

페이스북이 폭력이나 물리적 피해를 막기 위해 취한 중요한 조치는 높이 평가받을 만하며, 다른 기업들도 이 기준을 바탕으로 잘 대응할 수 있을 것이다. 하지만 임박성을 요건으로 하는 것은 너무 엄격하다는 주장도 일리가 있다. (예컨대) 2주, 아니면 2년 안에 폭력이나 해악을 일으킬 심각한 위험이 있는 완전한 거짓말의 경우, 이 진술은 허용되어야 할까? 전혀 분명하지 않다.[32] 사실 좀 더 확실하게 말해 보자. 답은 '아니요'이다.

기본 틀의 재검토

발언자의 의식 상태(그리고 그에 따른 책임 수준), 해악의 규모, 해악의 가능성, 해악의 발생 시기, 이 네 가지 척도의 적절성을 다시 떠올려 보자. 다시 정리하면 의식 상태의 경우에 사람들은 ① 거짓말을 하거나 ② 경솔하거나 ③ 부주의하거나 ④ 이성적이지만 실수할 수 있다. 해악의 규모는 ① 심각함 ② 중간 ③ 경미함 ④ 없음으로 구분할 수 있다. 해악의 가능성에는 ① 확실함 ② 개연성이 있음 ③ 개연성이 낮음 ④ 개연성이 매우 낮음이 있다. 해악의 발생 시기는 ① 즉시 발생한다는 의미에서 임박함 ② 가까운 미래에 발생한다는 의미에서 임박함 ③ 비교적 금방 ④ 아주 먼 미래는 아니지만 비교적 금방도 아님으로 나눌 수 있다.

'뉴욕타임스 대 설리번 사건' 판결은 의식 상태가 ①과 ②가 아닌 한 그 해악이 무엇이든 헌법적 보호가 보장된다고 말한 것으로 이해할 수 있다. '앨버레즈 사건' 판결은 의식 상태가 ①인 경우라도 해악의 가능성이 ③ 또는 ④라면(그리고 해악의 규모도 마찬가지일 것이다) 헌법적 보호가 주어진다고 선언했다. 페이스북은 의식 상태가 ① 또는 ②, ③, ④이고 해악의 발생 시기가 ① 또는 ②라면(그리고 해악의 규모가 ① 또는 ②라면) 게시물을 삭제한다고 밝힌 것으로 이해할 수 있다.

　나는 이들 결론 모두에 의문을 제기했지만 그 이유는 각각 다르다. 공직자에 대한 명예훼손 사건을 생각해 보자. 내 생각에는, 의식 상태가 ③ 또는 ④라도 해악의 규모가 ① 또는 ②라면 그 이유로 법이 대응할 수 있다. 이런 경우의 대응으로 온건한 수단을 취해야 한다는 게 내 주장이다. '앨버레즈 사건' 판결의 경우 해악의 가능성은 사실 ②이고, 의식 상태가 ①이기 때문에 헌법적 보호는 부인되어야 한다는 게 내 주장이다. 페이스북에 대해 일반적으로 말하면, 의식 상태가 ①이고 해악의 규모가 ① 또는 ②라면, 해악의 발생 시기가 ③이더라도, 어쩌면 심지어 ④이더라도 게시물을 삭제해야 한다는 게 내 주장이다.

　디프페이크와 조작 영상 제작자들은 바로 그 정의상 의식 상태가 ①에 해당한다. 해악의 규모, 해악의 가능성, 해악의 임박함과 관련해서는 구체적인 내용을 알아야 한다. 세 가지 모두 최소한 ②에 해당한다면 정부 공직자든 소셜미디어 사업자이든 규제를 정당화할 수 있는 충분한 근거가 된다. 매우 일반적으로 말하면, 그리고 구체적인 사례에 적용하는 것을 돕는다는 목표로 말하자면, 만일 의식 상태가 ①이고, 해악의 규모가 최소한 ②라면, 정부의 규제 노력을 표현의 자유라는 원칙으로 가로막아서는 안 된다는 게 나의 주장이다. 또한 의식 상태가 ③ 또는 ④라면 표현의 자유를 허용하는 게 더 낫다는 강한 추정을 해야 한다고 말하는 것이 합리적일 것이다. 이것은 아마도 해악의 규모가 명백히 ①일 때에만 뒤집을 수 있을 것이다.

chapter

9

진실은
중요하다

(*Liars*)

삶과 정치에서 진실은 중요하다. 진실은 결국에는 다른 무엇보다 중요할 수 있다. 그것은 신뢰의 전제, 따라서 협력의 전제이다. 하지만 표현의 자유를 지켜야 하는 체제에서 허위사실의 확산을 제한하기 위해 정부는 정확히 무엇을 할 수 있을까? 간단히 정리하자. 정부 일각에서 원하는 것보다는 훨씬 적지만, 정부 일각에서 지금 하는 것보다는 훨씬 많다.

나는 다음과 같은 일반원칙을 지지한다. **허위사실이 심각한 해악을 초래할 위험이 있고, 표현의 자유를 좀 더 보장하면서도 그런 해악을 막을 수 있는 다른 방법이 없다는 점을 정부가 증명할 수 없다면, 그 허위사실은 헌법적 보호를 받는다.** 나는 또한 거짓말에 관해서는 의도성 없는 허위사실에 대해 일반적으로 요구되는 것보다 해악의 입증이 약한 경우에도 정부가 규제를 부과할 수 있다고 주장했다. 이 개념을 구체적인 사례에 어떻게 적용할지는 합리적인 사람들 간에도 의견이 다를 수 있다. 하지만 일반적으로 앞의 일반원칙, 그리고 이에 따른 주장은 허위사실과 심지어 거짓말에 대해 상당한 정도의 헌법적 보호를 제공한다.

미국에서 대법원은 허위 진술에는 가치가 없으며 「수정헌법」 1조는 허위 진술을 보호하지 않는다고 자주 밝혔다. 이와 동시에, 대법원은 「수정헌법」 1조가 명예훼손 소송에 상당한 제한을 가하고 있으며 많은 허위 진술이 진실로 그 조항에 따른 보호를 받는다는 입장을 오랫동안 견지해 왔다. '앨버레즈 사건'에서 대법원은 정부가 허위 진술을 규제 또는 금지하는 강력한 근거를 제출하지 않는 한 그 진술은 보호된다고 판결했다. 이 결론을 설명하면서 대법원은 허위사실에 대한 규제가 진실을 위축시킬 위험을 주로 지적했다.

'앨버레즈 사건' 판결의 구체적인 결론은 옹호하기 어렵다. 자신이 메달 오브 아너를 받았다는 명백한 허위 주장을 보호하는 것이 정말로 그렇게 중요한가? 답은 '아니요'이다. 하지만 기후변화가 사실임을 부정하는 것, 유력한 정치인에 대한 잘못된 기사, 유전자조작식품이 초래하는 위험에 관한 과장된 이야기 등 사실관계에 관한 허위 진술도 보호해야 한다는 주장이 더욱 설득력을 갖는 경우도 많다. 허위사실을 보호해야 하는 이유는 많다. 무엇이 진실이고 무엇이 거짓인지에 관한 정부 자체의 판단은 못 미더울지 모른다. 허위 진술에 대한 규제는 진실한 발언을 위축시킬 수 있으며, 아마도 그럴 것이다. 허위 진술에서도 배울 수 있다. 거짓을 접하며 우리의 이해를 더 깊게 할 수 있다. 남들이 무엇을 생각하는지 아는 것은 중요하다. 그것이 진실이 아닌 경우에도 말이다. 허위 진술을 금지하면 그것을 단순히 지하로 내몰아 허위 진술의 힘과 매력을 더욱 강화할 수 있다. 반론이 금지보다 훨씬 더 낫고, 심지어 더 효과적일 수 있다.

문제는 이들 주장이 각각으로든 전체적으로든, 표현의 자유를 보장하는 체제에서 언제나 허위사실과 거짓말을 강력하게 보호해야 한다는 폭넓은 결론을 지지하지는 않는다는 점이다. 일부 허위사실, 또 일부 거짓말은 이런 유형의 광범위한 명제를 부적절하거나 심지어 우스워 보이게 만든다. 오랜 시간 금지되어 온 것들을 예로 들 수 있다. 위증, 사기, 허위광고를 생각해 보자. 또 지금의, 또는 다가오는 문제들을 예로 들 수도 있다. 합성 조작 영상과 디프페이크를 생각해 보자. 핵심은 정부의 대응 수단이 다양하고 점점 많아진다는 것이다. 특히 온라인에서 매우 많은 발언이 이뤄지기 때문에, 허위사실의 확산을 줄이기 위해 정부는 공지, 알림 표시, 경고, 주의, 선택 설계(choice architecture) 사용 등 창의적 수단을 검토할 수 있다.

이상의 논의는 오래된 문제와 새로운 문제 모두에 독특한 관점을 제공한다. 이들은 미국에서 현행 헌법이 올바른 균형을 이루지 못하고 있음을 강력히 시사한다. 정부 공직자, 배우, 음악인, 운동선수는 명예훼손에 대응하기 위해 현재 허용된 것보다 훨씬 많은 일을 할 수 있어야 한다. 허위사실로 피해를 입은 평범한 시민들도 마찬가지다. 덧붙여서, 정부 공직자에게는 디프페이크와 합성 조작 영상을 규제할 수 있는 상당한 권한이 있다. 그들에게는 거짓말이 관계된 경우를 물론 포함해 공중보건과 공공안전을 보호하기 위해 행동할 권한이 있고, 허위사실이 상당히 심각한 위험을 초래할 경우 그런 허위사실 역시 통제할 권한도 있다. 이 모든 경우에서 가장 유력한 수단에는 검열이나 처벌이 포함되지 않는다. 알림 표시나 경고처럼 좀 더 표현의 자유를 보호하는 방식이 포함된다.

방송사, 잡지, 신문, 소셜미디어 사업체 등 민간기관은 명예훼손, 그 밖의 허위사실과 거짓말을 통제하기 위해 더 적극적으로 나서야 한다. 이들은 보건과 안전을 포함한 잘못된 정보, 합성 조작 영상의 확산을 막기 위해 지금 하는 것보다 더 많은 일을 해야 한다. 앞으로 디프페이크가 확산되는 것도 줄여야 한다.

이상은 구체적인 결론이지만, 모든 정치와 법, 그리고 일상 자체에 대한 가장 광범위하고 일반적인 문제와도 관련이 있다. 한나 아렌트는 이렇게 말했다. "여기에서 중요한 것은 이 공통의 사실적 현실 자체이며, 이것이야말로 실로 가장 중요한 정치적 문제이다."[01] 표현의 자유라는 원칙이 현실을 보호하려는 노력을 가로막는 데 이용되어서는 안 된다.

부록

Facebook, Twitter, YouTube 정책 발췌

2020년 6월 현재 페이스북과 트위터, 유튜브의 관련 규정을 수록했다. 각 사의 설명에 따르면 이 규정들은 아직 완성된 것이 아니며, 새로운 환경과 이해에 따라 개정될 수 있다는 점을 특히 강조한다. 그럼에도 이 규정들은 최신 기술, 그리고 현재 마주한 문제가 무엇인지 엿볼 수 있는 시사점을 제공한다. 본문에서 강조했듯이 이 규정들은 헌법적 문제와도 관련이 있다. 법원은 대체로 표현을 가장 잘 보호할 수 있는 대안을 고려하도록 정부에 요구하고, 민간 부문은 표현의 자유를 지키도록 노력하면서도 잘못된 정보와 싸우는 창의적인 방안을 찾아 왔다. 또 본문에서 논의했듯이, 나는 현재의 기준이 언제나 올바른 균형을 이룬다고 믿지는 않는다.

페이스북 — 커뮤니티 규정

폭력 및 선동

정책 근거 우리는 Facebook상의 콘텐츠와 관련될 수 있는 잠재적인 실제 위해를 예방하기 위해 노력하고 있습니다. Facebook은 사람들이 불만이 있거나 동의하지 않는다는 점을 표출할 때 진지하지 않게 위협 또는 폭력 선동의 방식을 취할 수 있다는 점을 인지하고 있지만 심각한 폭력을 선동하거나 조장하는 언어 표현의 경우 삭제합니다. 타인에 대한 신체적 위협 또는 공공안전에 대한 직접적 위협이 존재한다고 의심되는 경우 콘텐츠를 삭제하고 계정을 비활성화하며 사법 당국과 공조하는 등 적절한 조치를 취합니다. 또 언어표현 및 맥락을 고려하여 가벼운 진술과 대중 또는 개인 안전에 실제 위협이 되는 콘텐츠를 구별합니다. Facebook은 위협의 신빙성을 판단하기 위해 개인의 공개 노출 정도나 신체 안전에 대한 위험과 같은 추가 정보를 검토할 수 있습니다.

게시하면 안 되는 내용

- 문자나 도형(과녁, 다트, 머리에 겨눈 총 등을 합성)을 통해 폭력의 위협이 담기도록 조작된 개인 또는 미성년자인 공인의 이미지
- 즉각적인 폭력 또는 신체적 위해의 위험을 일으킬 수 있는 잘못된 정보와 검증 불가능한 루머

잘못된 정보

정책 근거 Facebook은 타사 팩트체커 또는 어떤 경우에는 특정 분야의 전문 기관이 허위라고 판정한 주장을 담은 광고를 금지합니다. 허위로 판단되는 정보를 반복적으로 게시하는 광고주는 Facebook에 광고를 게재할 수 있는 권한이 제한될 수

있습니다. (……)

예시

- 타사 팩트체커가 허위로 판단한 주장을 담은 광고
- 세계보건기구(WHO)와 같은 국제적 보건 기구에서 백신에 관한 잘못된 정보로 확인하고 판별한 주장을 담은 광고

허위 계정

정책 근거 '진실성'은 Facebook 커뮤니티에서 매우 중요한 부분입니다. 우리는 사람들이 자신의 진정한 신원을 드러내고 활동할 때 말과 행동에 더욱 책임을 진다고 믿습니다. 이것이 Facebook을 이용하는 모든 사람이 일상생활에서 사용하는 이름으로 활동해야 하는 이유입니다. 우리의 진위 정책의 목표는 사람들이 서로 신뢰하고 책임질 수 있는 안전한 환경을 만드는 것입니다.

다음 행위는 금지됩니다.

- 다음과 같은 방식으로 신원을 속이는 행위
  » Facebook의 이름 사용 정책을 따르지 않는 이름 사용
  » 가짜 생년월일 입력
- Facebook의 서비스를 다음과 같이 오용하는 행위
  » 13세 미만인 사람의 프로필 생성
  » 다중 계정 사용
  » 진실하지 않은 프로필 생성
  » 타인과 계정 공유
  » Facebook 이용이 금지된 뒤 다시 새로운 계정을 만드는 행위
  » 과거의 페이지나 그룹, 이벤트, 인스타그램 프로필이 사이트에서 삭제되었기

때문에 페이지나 그룹, 이벤트, 인스타그램 프로필을 생성 또는 관리하는 행위
   » 페이스북의 이용약관에 명시된 등록 요건을 회피하는 행위
- 다음과 같이 타인을 사칭하는 행위
   » 다른 사람을 속이려는 명백한 목적으로 사진 사용
   » 다른 사람 또는 존재를 칭하거나 이를 대변하는 것처럼 보이는 계정 생성
   » 사용자가 허용되지 않은 다른 사람 또는 실체인 척하거나 이를 대변하는 것처럼 보이는 페이지 생성
   » 사람들이 콘텐츠의 원저작자라고 착각할 수 있는 사진을 게시하는 행위로서 다음에 해당하는 경우
      · 당사자 혹은 그 위임을 받은 대리인이 콘텐츠에 이의를 제기하는 경우
      · 사회 구성원에게 해악을 초래할 수 있는 위험이 있는 경우

허위 뉴스

정책 근거 당사는 Facebook상에서 허위 뉴스의 유포를 줄이는 것을 매우 중요한 책임으로 생각합니다. 동시에 허위 뉴스 문제가 까다롭고 민감한 사항이라는 점도 인지하고 있습니다. Facebook은 생산적인 공개 토론을 억제하지 않으면서 사람들이 계속 정보를 얻을 수 있도록 지원하고자 합니다. 허위 뉴스와 풍자 또는 의견 간의 차이는 다소 모호합니다. 이러한 이유로, Facebook은 허위 뉴스를 삭제하는 대신 뉴스피드에서 표시되는 횟수를 줄여 배포를 크게 감소시킵니다. 여기에서 허위 뉴스의 확산 방지를 위한 Facebook의 노력에 대해 자세히 알아보세요.

Facebook은 더 많은 정보가 있는 커뮤니티를 만들고 허위 뉴스가 퍼지는 것을 줄이기 위해 다음과 같은 방식으로 노력하고 있습니다.

- 잘못된 정보를 전파하는 사람, 페이지, 도메인이 경제적 인센티브를 얻지 못하도록 저지
- 커뮤니티 의견을 포함한 다양한 신호를 사용하여, 거짓일 수 있는 이야기를 예

측하는 머신 러닝 모델에 정보 제공
- 별도의 타사 팩트체커를 통해 거짓으로 평가된 콘텐츠의 배포 저감
- 배경정보를 더 많이 알려 주고, 뉴스 리터러시를 제공하여 사람들이 읽고 신뢰하며 공유할 콘텐츠를 스스로 결정할 수 있도록 유도
- 허위 뉴스라는 어려운 문제 해결을 위해 학술 기관 및 기타 조직과 협력

조작된 미디어

정책 근거 이미지, 오디오, 동영상 등의 미디어는 다양한 방법으로 편집될 수 있습니다. 사진의 필터 효과와 같이 편집된 내용이 무해한 경우도 많습니다. 그러나 어느 부분이 변형되었는지 불분명한 경우도 있으며, 특히 동영상 콘텐츠의 경우 오해를 일으킬 가능성이 있습니다. 저희는 아래 기준에 해당하는 경우 이 카테고리에 속하는 콘텐츠를 삭제하는 것을 목표로 하고 있습니다.
아울러 허위 뉴스와 잘못된 정보의 유포를 줄이고 온라인으로 접하는 콘텐츠에 대한 유용한 정보를 사람들에게 더 효과적으로 전달하기 위해 저널리스트, 학술 기관, 독립적인 팩트체크 기관 등과의 파트너십에 꾸준히 투자할 예정입니다.

게시하면 안 되는 내용

동영상
- 선명도 또는 품질 개선을 꾀하는 조정의 범위를 넘어 일반인이 보기에 조작된 부분이 명확하지 않고, 동영상에 나오는 대상이 하지 않은 말을 했다고 믿도록 오해를 불러일으킬 수 있는 방식으로 편집 또는 합성되었으며, **그리고**
- 콘텐츠를 동영상에 병합하거나 합치거나 바꾸거나 중첩하여 진본처럼 보이는 동영상을 만드는 디프 러닝 기법(예: 기술적 디프페이크)을 포함한 인공지능 또는 머신 러닝으로 생성된 동영상

이 정책은 패러디 또는 풍자 콘텐츠, 언급된 단어를 생략하거나 언급된 단어의 순서

를 변경하도록 편집된 콘텐츠에는 적용되지 않습니다.

트위터 플랫폼 조작 및 스팸 관련 정책

인위적으로 정보를 퍼뜨리거나 은폐하려는 의도로 Twitter의 서비스를 사용하거나 Twitter에서 사람들의 경험을 조작하거나 불편을 야기하는 행위에 관여해서는 안 됩니다.

(……)

플랫폼 조작은 여러 형태를 취할 수 있으며, Twitter의 운영 원칙은 다음을 포함하여 다양한 종류의 금지된 행위를 규제하기 위해 마련되었습니다.

- 일반적으로 Twitter에서의 대화를 통해 계정, 웹사이트, 제품, 서비스 또는 이니셔티브에 대해 트래픽이나 관심을 유도하기 위한 상업적인 의도의 스팸
- 계정 또는 콘텐츠가 실제보다 더 유명하거나 활동적으로 보이게 하려고 시도하는 허위 참여
- 여러 계정, 가짜 계정, 자동화 및/또는 스크립트 사용을 통해 인위적으로 대화에 영향을 주려고 시도하는 조직화된 활동

어떤 행위가 이 정책의 규정 위반에 해당하나요?

이 정책에 따라 다음 영역에서 일정 범위의 행동을 금지합니다.

계정과 정체성

가짜 계정을 운영하여 다른 Twitter 이용자에게 오해를 초래해서는 안 됩니다.

이것은 스팸성, 폭력성 또는 방해성 행위에 가담하기 위해 잘못된 계정 정보를 사용하는 것을 포함합니다. 우리가 고려하는 요소는 다음과 같습니다.

- 스톡 사진 또는 무단 도용한 프로필사진(특히 다른 사람을 묘사하는 사진)
- 무단 도용하거나 복제한 프로필 자기소개
- 프로필 위치 등 의도적으로 사실을 오도하는 프로필 정보

여러 계정을 사용하여 대화를 인위적으로 퍼뜨리거나 불편을 야기해서는 안 됩니다. 여기에 다음과 같은 경우가 포함됩니다.

- 중복되는 계정: 동일하거나 비슷한 사람 또는 상당 부분이 비슷한 콘텐츠 등 중복되는 사용 사례로 여러 계정 운영
- 서로 상호작용하는 계정: 특정 트위트 또는 계정의 지명도를 부풀리거나 조작하기 위해 서로 상호작용하는 여러 계정 운영
- 조직화: 다음을 포함하여 중복된 콘텐츠를 올리거나 가짜로 참여하기 위해 여러 계정 생성
  » 자신이 운영하는 여러 계정에서 동일하거나 상당 부분 비슷한 트위트 또는 해시태그를 올리는 행위
  » 자신이 운영하는 여러 계정에서 동일한 트위트 또는 계정을 사용하여 반복적으로 참여하는 행위(리트위트, 마음에 들어요, 멘션, Twitter 투표 참여)
  » 관련된 사람들이 하나의 계정만 사용하는 경우라도, 인위적인 참여 및 확대에 가담시키기 위해 다른 사람들과 협력하거나 보상하는 행위

참여 및 분석 지표
─────────────

본인 또는 다른 사람의 팔로어 또는 참여수를 인위적으로 부풀려서는 안 됩니다. 여기에 다음과 같은 행위가 포함됩니다.

- 트위트 매매 또는 계정 분석 지표 부풀리기: 팔로어 또는 참여(리트위트, 마음에

들어요, 멘션, Twitter 투표 참여)를 매매하는 행위

- 앱: 팔로어를 추가하거나 트위트에 참여를 추가한다고 주장하는 타사 서비스 또는 앱을 사용하거나 홍보하는 행위
- 상호 간 부풀리기: 팔로어 또는 트위트 참여수를 교환하기 위해 거래하거나 협력하는 행위('팔로 교육' '데크' 및 '리트위트를 위한 리트위트'에 참여하는 행위를 포함하되 이에 국한되지 않음)
- 계정 양도 또는 판매: Twitter 계정, 사용자아이디 또는 Twitter 계정에 대한 일시적 액세스를 판매, 구매, 거래 또는 제공하는 행위

(……)

이 정책을 위반하지 않는 행위는 무엇인가요?

다음과 같은 행위는 이 정책의 규정 위반에 해당하지 않습니다.

- 패러디 혹은 논평, 팬 계정으로서 익명의 Twitter 계정을 사용하는 경우
- 가끔씩 코멘터리 없는 링크를 게시하는 경우
- 뚜렷이 다른 신원, 목적 또는 사용 사례로 여러 계정을 운영하는 경우. 이러한 계정들은 다른 운영 원칙을 위반하지 않는 경우에 한하여 서로 상호작용이 허용됩니다. 다음은 몇 가지 예시입니다.
  » 여러 위치에서 운영되는 비즈니스와 같이, 관련 있지만 별개의 지부 또는 지사가 있는 조직
  » 익명의 계정 또는 취미나 이니셔티브와 관련된 계정과 함께 개인 계정을 운영하는 경우
  » 취미·예술 봇

유튜브 스팸, 기만행위, 사기 관련 정책

YouTube 커뮤니티를 표적으로 하는 스팸, 사기, 기타 기만행위는 YouTube에서 허용되지 않습니다. 다른 사용자를 YouTube에서 다른 사이트로 유인하려는 목적으로 제작된 콘텐츠도 허용되지 않습니다. (……)

이러한 정책이 미치는 영향

콘텐츠를 게시하는 경우

아래에 설명된 내용 중 어느 하나라도 해당한다면 콘텐츠를 YouTube에 게시하지 마세요.

- 동영상 스팸: 과도하게 자주 게시되거나 반복되거나 뚜렷한 대상이 없고 다음 중 한 가지 이상 포함한 콘텐츠
  - » 시청자에게 무언가를 보여 주겠다고 약속하지만 보여 주지 않고 외부 사이트로 유인
  - » 시청자에게 빠른 수익 창출을 약속하면서 YouTube 외부 사이트로 클릭, 조회 또는 트래픽 유도
  - » 유해한 소프트웨어를 유포하거나 개인정보를 수집하는 사이트 또는 부정적인 영향을 미치는 다른 사이트로 시청자 유인
- 혼동을 야기하는 메타데이터 또는 섬네일: 제목, 섬네일, 설명란, 태그를 이용하여 사용자가 본디와 다른 내용으로 오해하도록 속이는 콘텐츠
- 조작된 콘텐츠: (아무런 정황 설명 없이 발췌된 클립의 수준을 넘어) 혼동을 야기하는 방식으로 기술적으로 조작되거나 변조되어 사용자에게 큰 피해를 입힐 심각한 위험이 있는 콘텐츠

- 사기: 현금 지급, '벼락부자 되기' 광고, 다단계판매(다단계 구조에서 실제 제품 없이 돈만 지불)에 관한 콘텐츠
- 유권자 투표 방해: 투표 시간, 장소, 수단, 자격요건과 관련하여 유권자에게 거짓 정보를 제공하려는 목적의 콘텐츠
- 인구조사 참여 방해: 인구조사 시간, 장소, 수단, 자격요건과 관련하여 참여자에게 거짓 정보를 제공하려는 목적의 콘텐츠
- 후보자 자격요건: 현 정치권 후보자 및 재임 중인 선출 정부 공무원의 특정한 자격요건과 관련된 허위사실을 유포하는 콘텐츠. 여기에서 자격요건이란 관련 국가 법규에 근거하며 연령, 시민권, 생사 여부 등 포함
- 인센티브 스팸: 조회수, 좋아요 수, 댓글 수와 같은 참여도 측정 항목이나 그 외 다른 YouTube 측정 항목을 판매하는 콘텐츠. 이러한 유형의 스팸에는 구독자 수, 조회수 또는 기타 측정 항목을 늘리는 것이 유일한 목적인 콘텐츠도 포함. 예컨대 내 채널을 구독하는 조건으로만 다른 크리에이터의 채널을 구독하겠다고 제안하는 '맞구독 제안' 콘텐츠가 여기에 해당
- 댓글 스팸: 시청자의 개인정보를 수집하거나 잘못된 정보로 시청자를 YouTube 외부 사이트로 유인하거나, 앞에서 설명한 금지 행동을 하는 것을 유일한 목적으로 작성된 댓글
- 반복되는 댓글: 내용이 같거나 뚜렷한 대상이 없거나 반복적인 댓글을 대량으로 남기는 것
- 실시간 스트림 악용: 다른 사용자 소유의 콘텐츠를 스트리밍하려는 목적의 실시간 스트림으로서 악용 가능성에 대한 반복된 경고에도 수정되지 않은 경우. 채널 소유자는 실시간 스트림을 적극적으로 모니터링하여 문제가 될 만한 콘텐츠를 신속하게 필히 수정

이 정책은 동영상, 동영상 설명, 댓글, 실시간 스트림, 그 외 모든 YouTube 제품 또는 기능에 적용됩니다. 목록은 일부에 불과하고, 모든 사례를 포함하고 있지는 않습니다.

참고 구독이나 좋아요 버튼을 누르도록 공유하거나 댓글을 남기도록 시청자에게 권하는 것은 허용됩니다.

예 다음 유형의 콘텐츠는 YouTube에서 허용되지 않습니다.

- 시청자에게 특정 번호로 문자메시지를 보내 투표하는 등의 잘못된 투표 방법을 알려 주는 콘텐츠
- 만 50세 이상만 투표할 수 있는 선거라고 말하는 등 유권자 자격요건을 조작하는 콘텐츠
- 시청자에게 잘못된 선거일을 알려 주는 콘텐츠

그 밖의 사례

- 동영상 스팸
- 혼동을 야기하는 메타데이터 또는 섬네일
- 조작된 콘텐츠
- 유권자 투표 방해 및 인구조사 참여 방해
- 후보자 자격요건
- 사기
- 인센티브 스팸
- 댓글 스팸
- 실시간 스트림 악용

유튜브 '코로나19에 대한 잘못된 의료 정보' 관련 정책

YouTube는 큰 피해를 야기할 심각한 위험이 있는 코로나19 관련 콘텐츠를 허용하

L I A R S ──────

지 않습니다.

YouTube는 현지 보건당국 또는 세계보건기구(WHO)에서 발표한 코로나19 관련 의료 정보에 상반되는 잘못된 의료 정보를 퍼뜨리는 콘텐츠를 허용하지 않습니다. 이 정책은 아래와 관련한 WHO 또는 현지 보건당국의 지침에 상반되는 콘텐츠에만 국한됩니다.

- 치료
- 예방
- 진단
- 전염

참고 코로나19에 대한 YouTube의 정책은 전 세계 또는 현지 보건당국의 코로나 19 지침 변경에 따라 변경될 수 있습니다. 이 정책은 2020년 5월 20일에 게시되었습니다.

이 정책이 미치는 영향

콘텐츠를 게시하는 경우 다음 중 어느 하나라도 해당한다면 콘텐츠를 YouTube에 게시하지 마세요.

- 잘못된 치료 정보: 코로나19를 치료하기 위한 치료법이나 약물의 사용을 권장하여 사람들이 의학적 치료를 받지 못하도록 하는 것
  » 코로나19는 존재하지 않거나 코로나19 때문에 죽는 사람은 없다고 주장하는 콘텐츠
  » 의사와의 상담이나 병원 방문 등의 치료 대신 민간요법을 사용하도록 장려하는 콘텐츠
  » 의학적 치료 대신 기도나 의식의 사용을 장려하는 콘텐츠

- » 이용 가능한 코로나19 백신이 있다거나 확실한 치료법이 있다고 주장하는 콘텐츠
- » 현재 이용 가능한 약물로 코로나19 감염을 예방할 수 있다고 주장하는 콘텐츠
- » 사람들이 의료 전문가와 상담하거나 의학적인 자문을 구하는 것을 막는 기타 콘텐츠
- 잘못된 예방 정보: 현지 보건당국 또는 WHO의 지침에 상반되는 예방법을 홍보하는 콘텐츠
- 잘못된 진단 정보: 현지 보건당국 또는 WHO의 지침에 상반되는 진단 정보를 홍보하는 콘텐츠
- 잘못된 전염 정보: 현지 보건당국 또는 WHO의 지침에 상반되는 전염 정보를 홍보하는 콘텐츠
  - » 코로나19 발병이 바이러스 감염에 의한 것이 아니라고 주장하는 콘텐츠
  - » 코로나19가 전염성이 없다고 주장하는 콘텐츠
  - » 코로나19가 특정 기후나 지역에서는 확산될 수 없다고 주장하는 콘텐츠
  - » 특정 집단 또는 개인이 코로나바이러스에 대한 면역력을 가지고 있거나 코로나바이러스를 전염시킬 수 없다고 주장하는 콘텐츠
  - » 코로나19의 확산을 줄이기 위한 신체적 거리두기 또는 자가 격리 조치에 관한 WHO 또는 현지 보건당국 지침의 효과를 부인하는 콘텐츠

예 다음은 YouTube에서 허용되지 않는 콘텐츠의 예입니다.

- 코로나19의 존재 부인
- 코로나19로 사람들이 사망하지 않았다는 주장
- 코로나19에 대한 확실한 백신이 있다는 주장
- 특정 치료 또는 약물이 코로나19의 확실한 치료법이라는 주장
- 특정 인종이나 국적의 사람들이 코로나19에 대한 면역력을 가지고 있다는 주장
- 아플 때 치료받는 대신 민간요법 권장
- 아플 때 의료 전문가에게 상담하지 않도록 권유

- 숨 참기가 코로나19의 진단 검사로 사용될 수 있다고 주장하는 콘텐츠
- 아시아 음식을 피하면 코로나바이러스에 감염되지 않는다고 주장하는 동영상
- 불꽃놀이를 하면 공기 중의 바이러스를 정화할 수 있다고 주장하는 동영상
- 코로나19가 5G 네트워크의 방사선으로 인한 것이라는 주장
- 코로나19 검사가 바이러스의 원인이라고 주장하는 동영상
- 고온 기후의 국가에서는 바이러스가 확산되지 않을 것이라는 주장
- 사회적 거리두기와 자가 격리는 바이러스의 확산을 줄이는 데 효과적이지 않다고 주장하는 동영상

옮긴이의 글

1.

       우리나라에서 미국은 표현의 자유를 폭넓게 보장하는 것으로 널리 알려져 있다. 특히 정부 공직자에 대해 미국 언론은 성역 없는 비판에 나선다. 이를 가능하게 하는 법적 기반은 연방 대법원의 그 유명한 '뉴욕타임스 대 설리번 사건' 판결이다. 고위공직자와 같은 공인이 언론보도로 명예가 훼손됐다며 배상을 받아 내려면, 피해자는 해당 보도가 '현실적 악의'를 갖고 이뤄졌다고 증명해야 한다. 물론 그런 증명은 사실상 불가능하기 때문에, 언론사는 특별히 잘못을 저지르지 않는 한 정부나 권력자를 비판하면서 명예훼손 소송을 당할 걱정이 없다. 덕분에 국내에서도 표현의 자유를 옹호하는 사람들에게 '뉴욕타임스 대 설리번 사건' 판결과 현실적 악의의 원칙은 모범 사례로 꼽혀 왔다.

그런데 정작 미국에서는 현실적 악의의 원칙에 대한 비판이 나오고 있다. 이 책의 저자 캐스 선스타인이 대표적이다. 인터넷이 일상화되고 소셜미디어를 통해 허위사실이 널리 퍼지는 시대에 시대착오적인 원칙이라는 지적이다. 현실적 악의의 원칙은 「미국헌법」을 적극적으로 확대해석한 결과이지만, 「수정헌법」 1조가 허위사실도 보호한다는 발상은 적어도 헌법 제정 당시에 의도한 것이 아니었다. '뉴욕타임스 대 설리번 사건' 판결은 들불처럼 번지던 민권운동을 탄압하는 수단으로 명예훼손 소송을 제기한 1960년대에 나왔다는 시대적 맥락을 봐야 한다는 것이다. 고의적인 (일부) 거짓말조차 보호하는 '앨버레즈 사건' 판결에 이르면 문제는 더욱 심각해진다.

저자는 미국에서도 이미 아무런 헌법적 문제가 없이 다양한 허위사실을 규제, 처벌하고 있다고 지적한다. 공무원 사칭, 허위광고, 사기 등이 그렇다. 표현의 자유는 침범할 수 없는 절대적인 가치가 아니며, 다른 모든 권리와 마찬가지로 그 범위를 제한할 수 있다는 것이다.

당장 연방 대법원 판례를 바꿀 수는 없는 만큼, 저자는 헌법의 제한을 받지 않는 민간기관의 적극적인 조치를 촉구한다. 특히 수많은 이용자가 몰리는 만큼이나 허위정보 또한 넘쳐나는 페이스북, 유튜브, 트위터 등 소셜미디어 업체의 자발적인 대응 조치를 촉구한다. 처벌이나 허위정보의 삭제뿐 아니라 알림, 경고, 알고리즘을 이용한 노출 횟수 축소 등 다양한 창의적 방안을 적용할 수 있다는 점도 아울러 일깨우고 있다.

2.

　　　　　　　　다만 저자의 기준으로 볼 때 우리나라는 이미 허위사실을 촘촘하게 규제하고 있다.

　우리나라는 명예훼손을 범죄로 규정해 형사처벌하는 몇 안되는 나라이다. 심지어 해당 발언이 허위가 아닌 경우에도 원칙적으로 처벌 대상이다. 그것이 진실이고 오직 공익을 위한 목적에서 공표했다는 점을 발언자가 입증해야 처벌을 면할 수 있다. 저자가 미국에서는 위헌으로 불가능하다고 한 '민주주의 수호법'도 우리나라에는 이미 있다. 공직선거후보자에 대해 허위사실을 전파하면 '허위사실공표죄'로 처벌되고, 심지어 진실을 말하더라도 '후보자비방죄'가 적용될 수 있다.

　그렇다고 우리나라에서 가짜뉴스 문제가 덜하냐면 전혀 그렇지 않다. 명예훼손과 관련 없는 가짜뉴스나 허위정보를 규제할 방법은 마땅치 않다. 이를 처벌하는 것은 2010년 '미네르바 사건'에서 헌법재판소가 결정한 대로 위헌이다. 게다가 처벌로 해결되는 것도 아니다. 명예훼손죄는 기업이 소비자의 불만 제기를 막는 데 악용되고 있으며, 선거법에 '허위사실공표죄'가 있지만 선거철 각종 흑색선전과 비방은 여전하다. 한편, 전적으로 사실에 기반한 정당한 비판에 대해서도 폭로자의 입을 막기 위해 명예훼손이나 허위사실 공표, 후보자 비방 혐의로 고소하겠다고 엄포를 놓거나, 일단 고소하고 여론의 관심이 사그라들면 은근슬쩍 취하하는 경우도 적지 않다.

　이런 문제를 단칼에 해결할 묘수란 안타깝게도 없다. 그러나

이 책을 읽어 나가며 독자는 저자의 안내를 따라 자기 나름대로 어떤 방안이 바람직할지 생각해 볼 수 있을 것이다. 저자는 법학자이지만 그에 그치지 않고 윤리학, 사회심리학을 비롯한 다양한 관점에서 가짜뉴스에 어떻게 대처할 수 있을지 논의한다. 디프페이크 등 새로운 기술이 도입되면서 나타나는 문제를 어떻게 풀어갈 것인지 고민하는 것도 즐거운 도전이다. 우리 독자들도 이런 재미를 느낄 수 있도록 원문에 충실한 번역을 하고자 최대한 힘썼지만, 능력이 미치지 못했을까 걱정이다.

3.

　　　　　　다른 사람의 번역을 평하는 건 쉬웠지만, 직접 번역을 하는 건 완전히 차원이 다른 일이었다. 스스로의 부족함을 다시금 깨닫는 시간이었다. 경험도 없는 번역자를 믿고 흔쾌히 일을 맡겨 주신 북이십일 김영곤 대표님, 장미희 기획위원님께 감사드린다. 어색한 문장과 오류를 꼼꼼히 지적해 주신 김지영 님, 최윤지 님, 송경희 님, 책을 만들어 주신 다른 모든 분께도 감사의 말씀을 드린다. 물론 오역이나 잘못이 있다면 그것은 전적으로 나의 탓이다.

　번역을 기대하고 격려해 주신 부모님, 조언을 아끼지 않은 누나에게도 고마운 마음을 전하고 싶다. 무엇보다도 함께 보내야 할 귀중한 시간에 번역 원고를 붙들고 씨름하고 있는 나를 이해해 준 아내 혜민과 딸 예린에게 특별히 미안함과 사랑을 함께 전한다.

주석

감사의 글

01. Cass R. Sunstein, "Falsehoods and the First Amendment", 33 Harvard Journal of Law & Technology, 387 (2020).

chapter 1 거짓말과 허위사실

01. Schenk v. United States, 249 U.S. 47, 52 (1919) 참고.
02. W. Va. State v. Bd. of Educ. v. Barnette, 319 U.S. 624, 641 (1943) 참고.
03. Wiliam Blake, The Portable Blake (Alfred Kazin ed., 1977) 참고.
04. St. Augustine, Treatises on Various Subjects(The Fathers of the Church, Volume 16) 78 (Roy J. Deferrari ed., 2010).
05. United States v. Alvarez, 567 U.S. 709, 723 (2012) (다수의견) (무공훈장을 받았다고 허위로 주장하는 경우 처벌하도록 한 「가짜 유공자 처벌법」에 대해 위헌판결을 내림) 참고.
06. 오래전에 Frederick Schauer가 올바르게 논평했다. "우리는 아마도 놀랍게도 이런 역사적 시점에 도달했다. 표현의 자유라는 위대하고 소중한 역사가, 공적 토론에서 공개적으로 잘못된 사실이 확산된다는 지극히 중요한 사회문제에 관해 사실상 아무 도움이 안 되는 시기이다." Frederick Schauer, *Facts and the First*

Amendment, 57 UCLA L. Rev. 897, 908 (2010). 이 판단은 오늘날에도 대체로 정확하다.

07. 376 U.S. 254 (1964).

08. Hannah Arendt, *Truth and Politics*, in Truth: Engagements Across Philosophical Traditions 295, 297 (José Medina & David Wood eds., 2008).

chapter **2 논의의 기초**

01. Whitney v. California, 274 U.S. 357, 398 (1927) 참고(Brandeis 대법관의 보충 의견).

chapter **3 거짓말의 윤리학**

01. 부담 없는 개관으로는 Sissela Bok, Lying (1978) 참고. 영향력 있는 논의로는 William David Ross, The Right and the Good (1930) 참고. 귀중하고 도발적인 주장으로는 Seana Shiffrin, Speech Matters (2016)를 볼 것.

02. Arnold Isenberg, *Deontology and the Ethics of Lying*, 24 Phil. & Phenomenological Res. 463, 466 (1964) 참고. Isenberg의 보충 설명. "우리의 정의에 따르면 거짓말에는 본질적으로 세 가지 부분이 있다. ① 진술 – 이는 다시 명제와 발화라는 두 부분으로 나눌 수도 있지만, 그러지 않아도 무방하다. ② 발언자가 갖고 있는 불신 또는 믿음의 결여. ③ 발언자가 갖고 있는 의도." 같은 글.

03. Shiffrin, 주 01의 책 116쪽. 더 넓은 의미의 정의로는 Thomas L. Carson, Lying and Deception 15 (2010) 참고: "거짓말은 발언자가 진실이라고 주장하는 고의적인 허위 진술이다." Carson은 "거짓말쟁이에게 다른 사람을 속이려는 의도가 있어야 한다고 보지는 않는다". 또, 이 정의가 표준적인 정의와 맞지 않는다고 인정한다.

04. 예를 들어 어떤 사람은 남의 비위를 맞추거나 재미있어 보이기 위해 자신의 취향 혹은 과거를 사실과 다르게 설명할 수 있다.

05. 의미 있는 논의를 보려면 주 01, Shiffrin의 책에서 "pure lies" 부분 참고.

06. 거짓말, 거짓말하기에 대한 절대주의 또는 준절대주의적 논의는 주 01, Bok의 책 참고. 거짓말과 관련해 칸트주의에 기반한 준절대적 금지론으로 이해되는 논의로는 Christine Korsgaard, What's Wrong with Lying (미간행 원고) 참고. https://www.people.fas. harvard.edu/~korsgaar/CMK.WWLying.pdf

07. Thomas Nagel, *Concealment and Exposure*, 27 Phil. & Pub. Aff. 3 (1998) 참고.

08. 하얀 거짓말에 관해서는 주 01, Bok의 책 참고. Bok은 윤리적인 이유에서 하얀 거짓말에 대해 나보다 좀 더 회의적이지만, 어떤 하얀 거짓말은 납득할 수 있다는 점은 인정한다.

09. 주 01, Shiffrin의 책은 거짓말을 비판하는 독특한 주장을 제공한다. Shiffrin은 인간이 의사소통을 통해 서로의 사고를 공유한다고 강조한다. 우리의 정체성, 도덕적 행위자로의 발전에서 그런 공유는 필수적이라는 게 그녀의 주장이다. 그녀의 시각에 따르면, 공유의 독특한 기능에서 거짓말이 왜 잘못된 일인지에 관한 실마리를 찾을 수 있다. 거짓말쟁이는 우리가 생각을 공유하는 수단인 의사소통의 역할을 왜곡한다. 거짓말은 "전적으로 진실만을 전달하는 수단을, 허위와 진실 모두를 전하는 수단으로 변형시킨다". 주 01의 책, 23쪽. 흥미롭게도 아우구스티누스 역시 매우 비슷한 방식으로 말했다. "인간에게 언어가 주어진 것은 그것으로 서로를 속일 수 있게 하기 위해서가 아니라, 자신의 생각을 다른 사람에게 알릴 수 있게 하기 위한 것임은 명백하다. 그렇다면 언어를 그 지정된 목표가 아니라 속임수를 위한 목적으로 사용하는 것은 죄악이다." St. Augustine, *The Enchiridian*, in The Doctrinal Treatises 251 (Jazzybe Verlang ed., 2017). 거짓말이 왜 나쁜지에 관한 Shiffrin의 주장이 이해되지 않는다고 해서 의사소통의 역할에 관한 그녀의 주장을 반박할 필요는 없다. 나의 견해로는, 진실을 전달하는 통상적 수단의 왜곡이라는 점이 거짓말에 대항하는 독립적인 이유는 아니다. 거짓말을 잘못으로 여기기 위해, 우리는 거짓말이 실제 사람에게 **미치는** 나쁜 점을 구체적으로 지목해야 한다. 생각해 보자. 카펫을 재떨이로 쓰는 것은 도덕적으로 잘못이 아니다. 그 때문에 불이 나지 않는 한. (Shiffrin의 논의는 사려 깊고 상세하며, 이것은 토론을 위한 단순한 하나의 시도일 뿐이라는 점을 인정한다.)

10. 이 책에서는 공리주의라는 용어를 계속 사용하겠지만, 이 말을 '후생주의(welfarism)'로 바꿔 쓸 수 있다. 후생주의는 좀 더 포괄적이면서도 공리주의적인 느낌이 나지 않는다. 공리주의보다 후생주의를 선호하는 사람은 단어를 교체해도 무방하다. 자세한 논의는 Matthew Adler, Welfare and Fair

Distribution (2012) 참고.

11. Jeremy Bentham, The Principles of Morals and Legislation 233 (1789).

12. Henry Sidgwick, *The Classification of Duties: Veracity*, in The Methods of Ethics 316 (1962 ed.)

13. 루터의 비서가 인용. Max Lenz, ed., *Briefwechsel Landgraf Philipp's des Grossmüthigen von Hessen mit Bucer*, Vol. 1에 수록된 편지.

14. Edna Ullmann-Margalit, Normal Rationality (2017) 참고.

15. Bok, 주 01의 책 80쪽.

16. John Stuart Mill, On Liberty 참고.

17. Friedrich Hayek, *The Market and Other Orders*, in The Collected Works of F. A. Hayek 384 (Bruce Caldwell ed., 2013).

18. 행동경제학은 중요한 증명을 제시한다. Cass R. Sunstein, *Behavioral Welfare Economics*, J. Benefit-Cost Analysis (2020) 참고.

19. 주 01, Bok의 책을 참고. 여기서는 공리주의적 균형을 자주 언급하면서 다양한 문제에 관해 의미 있는 논의를 제공하고 있다(다만 Bok은 거짓말, 거짓말하기에 관한 도덕적 평가를 내리는 데 공리주의가 적절한 토대를 제공한다는 입장은 거부한다).

20. Immanuel Kant, Foundations of the Metaphysics of Morals 429 (1785).

21. St. Augustine, The Enchiridion, 주 01, Bok의 책 35쪽에서 재인용. 거짓말을 전적으로 금지해서 발생하는 문제를 다루는 흥미로운 방법은, 만일 그가 하나님, 또는 자기 자신에게는 무엇이 진실인지 밝히는 '정신적 유보(mental reservation)'를 한다면, 진실을 말하지 않아도 된다고 설명하는 것이다. 주 01, Bok의 책 35쪽 참고.

22. Immanuel Kant, *On a Supposed Right to Lie from Altruistic Motives*, in The Doctrine of Virtue 92-96 (Mary J. Gregor trans., 1964).

23. Immanuel Kant, Doctrine of Virtue, 주 01, Bok의 책 32쪽에서 재인용.

24. 주 06, Korsgaard의 글. Paul Faulkner, *What's Wrong with Lying*, 75 Phil. & Phenomenological Res. 535 (2007).

25. 주 06, Korsgaard의 글 1쪽.

26. 위의 글 18쪽. Korsgaard의 광범위한 주장은 길게 인용할 만하다. "좀 더 일반적으로, 개인의 자율성이 침해되는 두 가지 조건이 있다. 하나는 당신을 어떤 목적에 봉사하도록 하기 위해 물리력이나 강압이 사용되는 경우이다. 또 하나는 당신을 어떤 목적에 봉사하도록 속이기 위해 거짓말이 사용되는 경우이다. 두

경우 모두 잘못인 점은 당신이 그 목적에 봉사할 것인지 아닌지 스스로 결정하지 못한다는 것이다. 당신 스스로 결정할 수 있는 조건으로는 자신의 행동을 결정할 권한이 있고, 무슨 일이 일어나고 있는지에 대한 지식이 있어야 한다는 것이다. 한편으로는 물리력과 강압, 다른 한편으로는 거짓말이 이들 조건을 약화시킨다. 따라서 물리력과 강압, 거짓말은, 이 관점에 따르면, 잘못된 행동의 가장 근본적인 형태, 만악의 근원이다. 우리는 모든 일을 우리 뜻대로 **만들려는**, 항상 존재하는 유혹에 저항하고, 그 대신에 우리의 결정, 마찬가지로 우리의 지식, 우리의 권한을 관련된 모든 사람과 함께 나눠야 한다는 것이 도덕의 요구이다.” 같은 글.

27. 주 24, Faulkner의 글 535쪽.

28. Uri Gneezy, *Deception: The Role of Consequences*, 95 Am. Econ. Rev. 384 (2005) 참고.

29. 주 02, Isenberg의 글 475쪽에서는 이렇게 주장한다. “충분히 경미한 위반이라면 도덕적 잘못이라는 개념을 적용하는 것이 부적절해 보인다. 에티켓의 사소한 규칙을 어기는 것이나 마찬가지로 말이다. 나는 윤리학 수업에서 본질적으로 사실인 이야기를 하던 중, 내가 로체스터시에 있는 앞마당이 딸린 집에서 1년간 살았다고 말한 적이 있다. 이는 모두 사실이 아니다. 하지만 나는 학생들이 믿게 하려는 의도로 말했고, 그들은 믿었다. 나는 수업이 끝나기 전에 거짓말을 바로잡았다. 내가 그 이야기를 한 목적은 거짓말의 윤리학 중 한 가지를 짚기 위해서였다. 그리고 효과적으로 그렇게 하려면 우선 학생들을 ‘피해자로 만드는’ 방법밖에 없다고 생각했다.”

30. 주 01, Bok의 책, 주 06, Korsgaard의 논의 참고.

31. 주 06, Korsgaard의 글 19쪽. Korsgaard가 생각하는 이런 예외는 극히 일부이다.

32. Francis Hutcheson, A System of Moral Philosophy (2006 ed.).

33. 두드러진 반대 의견은 주 06, Korsgaard의 글 9쪽에 나온다. 이에 따르면 공리주의적 “시각은 온정적 거짓말이 왜 대체로 나쁜지에 대해 그다지 일관성 있는 설명을 제공하지 않는다. 공리주의적 입장에서 온정적 거짓말을 하지 말아야 할 이유는, 무엇이 자신에게 유익하며 이익을 증진할 수 있는지 가장 잘 판단할 수 있는 사람은 자기 자신이기 때문이다. 하지만 결과론이 성립하려면 무엇이 유익한지에 대해 객관적이고 경험적으로 판별할 수 있는 개념이 있어야 한다. 그리고 만일 우리에게 그런 개념이 있다면, 마치 어떤 사람은 좋은 삶에 관한 전문가가 될 수 있다는 것처럼 보인다”. Korsgaard는 덧붙인다. “결과론적 시각은 온정적 거짓말을 하는 데 너무 많은 여지를 남긴다. 앞서 말했듯이,

그것을 막는 일반적 원칙이 있는지조차 분명하지 않다. 그럼에도 우리 대부분은 그런 게 있다고 생각한다. 만일 누군가 당신의 이익을 위해 거짓말을 하고 당신이 그것을 알게 된다면, 보통 당신은 그 거짓말을 한 사람이 주제넘게 참견한다고 생각하고 그의 행동에 분노할 것이다. 일반적인 사고능력을 가진 건강한 성인에 관해 말할 때 온정주의는 정상에서 벗어난 것으로 간주된다." 같은 글, 10쪽. Korsgaard가 "우리 대부분의 생각"이라고 전제하는 부분에서 나는 이 주장이 설득력이 있다고 생각하지 않는다. 그녀는 아마도 도덕적 직관을 가리키는 것일 텐데, 그런 직관은 대체로 잘 작동하고 공리주의적 기반에서 옹호돼야 한다. (나는 이 설명을 선호한다.) Korsgaard가 "무엇이 유익한지에 대해 객관적이고 경험적으로 판별할 수 있는 개념"에 대해 의심하는 데 관해서는, 나는 그녀가 너무 회의적이라고 생각한다. 확실히 해 두자면, 선택하는 사람의 자율성을 강조하는 밀의 논지는 온정적 거짓말에 대한 강한 금지를 인정할 중요한 이유이다. 이는 공리주의적 관점이다. Korsgaard는 같은 글 11쪽에서 이들 논지를 언급하지만, 그녀의 반응은 내가 보기엔 너무 까칠하다. "하지만 결과론적 이론은 우리가 이런 종류의 주장을 펼칠 아무런 기반을 제공하지 않는 것이 사실이다. 결과론자들은 누가 실수를 하는지에는 관심이 없고, 실수가 얼마나 나쁜지에만 주목한다. 실수라도 스스로 하는 것이 낫다는 생각은 오로지 우리의 세 번째 견해에서 나온다." 이것은 칸트주의이다.

34. Joshua Greene, *Beyond Point and Shoot Morality: Why Cognitive Neuro(Science) Matters for Ethics*, 124 Ethics 695 (2014) 참고.

35. 위의 글 참고. Cass R. Sunstein, *Moral Heuristics*, 28 Behav. & Brain Scis. 531 (2005).

36. 이것은 주 01, Bok의 책이 펼치는 상세한 논의에 대한 우려이다. 나는 그 책에서 많은 것을 배웠지만, 거짓말에 대한 공리주의적 접근을 거부하면서 Bok은 거짓말에 대한 도덕적 금기를 약화시키는 게 아니라 강화하며, 공리주의적 입장에서 옹호할 수 있는 매우 다양한 범위의 관련된 결과를 고려하지 않은 것으로 보인다.

37. Bernard Williams, *Persons, Character, and Morality*, in Moral Luck 214 (1982) 참고. 교훈적인 논의로는 Elinor Mason, *Do Consequentialists Have One Thought Too Many?*, 2 Ethical Theory & Moral Practice 243 (1999) 참고.

38. 법이 더 많이 개입해야 한다는 주장과 상세한 논의는 Jill Hasday, Intimate Lies and the Law (2019) 참고.

39. Nicholas Hatzis, Lying, Speech and Impersonal Harm, Law and Philosophy

(2019) 참고.

40. Martin H. Redish & Julio Pereyra, *Resolving the First Amendment's Civil War: Political Fraud and the Democratic Goals of Free Expression*, 62 Ariz. L. Rev. 451 (2020)은 가치 있는 논의이다.

chapter **4 가짜 유공자**

01. 종합적인 논의로 Johan Farkas & Jannick Schou, Post-Truth, Fake News and Democracy (2020) 참고.

02. Robert S. Mueller, III, US Dep't of Justice, Report on the Investigation into Russian Interference in the 2016 Presidential Election 14(2019), https://www.justice.gov/storage/report.pdf [https://perma.cc/PPD7-96ZC] 참고.

03. *Community Standards*, Facebook, https://www.facebook.com/communitystandards/integrity_authenticity (2020년 7월 16일 최종 검색).

04. *False News*, Facebook, https://www.facebook.com/communitystandards/false_news (2020년 7월 16일 최종 검색). 여기서 페이스북의 전략 중 하나는 "더 많은 배경정보를 알려주고, 뉴스 이해력을 높임으로써 사람들이 읽고 신뢰하며 공유할 콘텐츠를 스스로 결정할 수 있도록 유도"하는 것이다. 같은 글. 이런 맥락에서 할 수 있는 일이 더 많이 있다.

05. Emily Birnbaum & Olivia Beavers, *Americans Mimic Russian Disinformation Tactics Ahead of 2020*, Hill (May 8, 2019, 6:00 am), https://thehill.com/policy/cybersecurity/442620-americans-mimic-russiandisinformation-tactics-ahead-of-2020 [https://perma.cc/944D-ZM43] 참고.

06. 위의 글.

07. Robert Chesney & Danielle Citron, *Deep Fakes: A Looming Challenge for Privacy, Democracy, and National Security*, 107 Calif. L. Rev. 1753, 1757 (2019) 참고.

08. Illinois *ex rel*. Madigan v. Telemarketing Assocs., Inc., 538 U.S. 600, 612
(2003) ("대중을 상대로 한 다른 형태의 사기와 마찬가지로, 허위 자선 기부
모금은 보호받지 못하는 표현이다."); BE&K Constr. Co. v. NLRB, 536 U.S. 516,
531 (2002) ("허위 진술은 그 자체로 보호받을 수 없다."); Hustler Magazine,
Inc. v. Falwell, 485 U.S. 46, 52 (1988) ("사실의 허위 진술은 특히 가치가 없다.
허위 진술은 사상의 자유시장이 갖는 진실 추구의 기능을 방해하며, 아무리
설득력이 있거나 효과적인 반론으로도 쉽게 치유될 수 없는 피해를 개인의
명예에 일으킨다."); Keeton v. Hustler Magazine, Inc., 465 U.S. 770, 776 (1984)
["사실의 허위 진술에는 헌법적 가치가 없다." (Gertz v. Robert Welch, Inc., 418
U.S. 323, 340(1974) 인용)]; Bill Johnson's Rests., Inc. v. NLRB, 461 U.S. 731,
743 (1983) ("허위 진술은 「수정헌법」 1조가 보장하는 표현의 자유를 통해
면책되지 않는다."); Herbert v. Lando, 441 U.S. 153, 171 (1979) ["허위정보(false
information)를 퍼뜨리는 행위는 「수정헌법」 1조로 보장할 가치가 없다."]; Va.
State Bd. of Pharmacy v. Va. Citizens Consumer Council, Inc., 425 U.S. 748,
771 (1976) ("진실하지 않은 발언은 상업적이든 아니든 간에 그 자체로 보호
대상이었던 적이 없다."); *Gertz*, 418 U.S., 340쪽 ("사실의 잘못된 진술은
헌법적 보호의 가치가 없다."); Time, Inc. v. Hill, 385 U.S. 374, 389 (1967)
("[「수정헌법」 1조의] 헌법적 보장은 그 본질적인 기능을 유의미하게
손상시키지 않으면서도 **고의적인** 허위사실에 대한 제재를 용인할 수 있다.");
Garrison v. Louisiana, 379 U.S. 64, 75 (1964) ("허위임을 알면서 한 진술과,
진실을 경솔하게 무시하면서 행한 허위 진술은 헌법적 보호를 누리지 못한다.")
참고.

09. 567 U.S. 709 (2012).

10. 위의 판결문 723쪽 [조지 오웰의 『1984』 (1949) (Centennial ed., 2003) 인용].

11. R.A.V. v. City of St. Paul, 505 US 377 (1992) 참고.

12. 여기에는 복잡한 문제가 있다. 세밀한 논의는 Seana Shiffrin, Speech Matters
125–132 (2016) 참고.

13. 반대의견으로는 다음 참고. Derek E. Bambauer, *Shopping Badly: Cognitive
Biases, Communications, and the Fallacy of the Marketplace of Ideas*, 77 U.
Colo. L. Rev. 649 (2006); Vincent Blasi, *Holmes and the Marketplace of Ideas*,
2004 Sup. Ct. Rev. 1; Paul H. Brietzke, *How and Why the Marketplace of Ideas
Fails*, 31 Val. U. L. Rev. 951 (1997); R. H. Coase, *Advertising and Free Speech*, 6
J. Legal Stud. 1 (1977); R. H. Coase, *The Market for Goods and the Market for*

Ideas, 64 Am. Econ. Rev. 384 (1974); Aaron Director, *The Parity of the Economic Market Place*, 7 J.L. & Econ. 1 (1964); Stanley Ingber, *The Marketplace of Ideas: A Legitimizing Myth*, 1984 Duke L.J. 1 (1984); William P. Marshall, *In Defense of the Search for Truth as a First Amendment Justification*, 30 Ga. L. Rev. 1 (1995).

14. Abrams v. United States, 250 U.S. 616, 630(1919) (Holmes 대법관, 반대의견).

15. *Alvarez*, 567 U.S. 719쪽 (다수의견).

16. 위의 판결문 742-743쪽 (Alito 대법관, 반대의견).

17. *Alvarez* 사건 판결에서 대법원이 지적했듯, 내용에 따른 표현의 제한이 허용되는 일부 "역사적, 전통적 범주"가 있다. 위의 판결문 717쪽 [United States v. Stevens, 559 U.S. 460, 468 (2010) 인용]. 이들 종류는 "즉각적인 불법행위를 의도하거나 초래하는 표현, 음란물, 명예훼손, 범죄행위의 일부인 표현, [그리고] 이른바 도발적인 말(fighting words)"을 포함하나, 이에 한정되지 않는다. 같은 판결문.

18. 567 U.S. 720-721쪽.

19. 위의 판결문 721쪽.

20. Frederick Schauer, *Facts and the First Amendment*, 57 UCLA L. Rev. 897, 911 (2010) (이런 연구 결과에도 불구하고 "표현의 자유 옹호자들은 식상하고 오래된 상투적 주장만 내놓는다. 그것은 이제는 전설적이지만 거의 확실하게 틀린, 인간 이성의 충만함과 능력에 대한 밀턴의 찬가를 현대적으로 변형한 것에 지나지 않는다"라고 설명한다).

21. 한 예로, Nina Berman, *The Victims of Fake News*, Colum. Journalism Rev. (2017), https://www.cjr.org/special_report/fake-news-pizzagate-seth-rich-newtown-sandy-hook.php [https://perma.cc/J3RN6UAH] (가짜뉴스 피해자와 제작자 인터뷰) 참고.

22. 한 예로, Matthew F. Ferraro & Jason C. Chipman, *Fake News Threatens Our Businesses, Not Just Our Politics*, Wash. Post (Feb. 8, 2019, 1:33 pm), https://www.washingtonpost.com/outlook/fake-news-threatens-our-businesses-not-just-our-politics/2019/02/08/f669b62c-2b1f-11e9-984d-9b8fba003e81_story.html [https://perma.cc/AWF3-ZBTH] 참고.

23. 한 예로, Claire Atkinson, *Fake News Can Cause "Irreversible Damage" to Companies—And Sink Their Stock Price*, NBC News (Apr. 25, 2019, 12:54 pm),

https://www.nbcnews.com/business/business-news/fakenews-can-cause-irreversible-damage-companies-sink-their-stock-n995436 [https://perma.cc/8JQ8-JDTH] 참고.

24. McKee v. Cosby, 139 S. Ct. 675, 679(2019) (Thomas 대법관, 상고 기각 동조 의견).

25. Commonwealth v. Clap, 4 Mass. (3 Tyng) 163, 169-170 (1808).

26. Edward L. Glaser & Cass R. Sunstein, *Extremism and Social Learning*, 1 J. Legal Analysis 263, 265(2009). 물론 정보의 출처가 중요하다는 점도 사실이다. 그것이 사람들의 관심을 끌 때는 특히 그렇다. 담배 회사에서 흡연의 위험성이 낮다고 말한다면, 사람들은 그다지 설득되지 않을 것이다.

27. Danielle Polage, *The Effect of Telling Lies on Belief in the Truth*, 13 Eur.'s J. Psychol. 633, 639 (2017) 참고.

28. Daniel Kahneman, Thinking, Fast and Slow 20 (2011) 참고.

29. United States v. Alvarez, 567 U.S. 709, 733 (2012) (Breyer 대법관, 별개 의견).

chapter 5 **진실**

01. 일반적으로 John Stuart Mill, On Liberty and the Subjection of Women 22-63 (Alan Ryan ed., Penguin Books 2006) (1859) 참고.

02. 567 U.S. 709, 733 (2012) (Breyer 대법관, 별개 의견).

03. 예를 들어 Heiko Rauhut, *Beliefs about Lying and Spreading of Dishonesty: Undetected Lies and Their Constructive and Destructive Social Dynamics in Dice Experiments*, 8 PLOS One 1, 5 (2013) 참고.

04. Edna Ullmann-Margalit, The Emergence of Norms 14 (1977) 참고.

05. Jud Campbell, *Natural Rights and the First Amendment*, 127 Yale L.J. 246 (2017) 참고.

06. Alexander Meiklejohn, Free Speech and its Relation to Self-Government (1948) 참고.

07. Thomas Scanlon, *A Theory of Freedom of Expression*, 1 Phil. & Pub. Aff. 204 (1972).

08. Seana Shiffrin, Speech Matters (2016) 참고.

09. 위의 책 117쪽.

10. Mill, 주 01의 책, 24쪽.

11. *The Criminalization of COVID-19 Clicks and Conspiracies*, Medium (May 13, 2020),
     https://medium.com/dfrlab/op-ed-the-criminalization-of-covid-19-clicks-and-conspiracies-3af077f5a7e7.

12. 18 U.S.C. § 1621 (2012).

13. 15 U.S.C. § 54 (2012).

14. 18 U.S.C. § 1001.

15. 18 U.S.C. § 912 ("누구든지 미국 정부 당국이나 부처, 기관의 공무원이나 직원이라고, 혹은 그 직원의 권한을 행사한다고 허위로 주장하거나 속이고 그렇게 행동할 시에는 …… 이 조항에 따라 벌금형 혹은 징역형에 처한다").

16. 567 U.S. 709, 723 (2012).

17. 위의 판결문, 731-732 (Breyer 대법관, 별개 의견).

18. 위의 판결문, 751-752 (Alito 대법관, 반대의견).

19. Joseph Raz, Ethics in the Public Domain 39 (1994).

20. Dun & Bradstreet, Inc. v. Greenmoss Builders, Inc., 472 U.S. 749, 763 (1985) 참고.

21. Mill, 주 01의 책 42-44쪽.

22. 위의 책 23쪽.

23. Shiffrin, 주 08의 책 140-144쪽.

24. United States v. Chappell, 691 F.3d 388 (4th Cir. 2012) ("법 집행기관의 공무원인 것처럼 허위로 주장하거나 행동하는 것을 금지하는 …… 버지니아주 경찰관 사칭 금지 조항"은 「수정헌법」 1조에 위배되지 않는다고 판결).

25. Shiffrin, 주 08의 책 141쪽.

26. Xavier Gabaix, *Behavioral Inattention* 5 (Nat'l. Bureau of Econ. Research, Working Paper No. 24096, 2018) 참고.

27. Cass R. Sunstein, Sebastian Bobadilla-Suarez, Stephanie C. Lazzaro, & Tali Sharot, *How People Update Beliefs about Climate Change: Good News and Bad News*, 102 Cornell L. Rev. 1431, 1433 (2017) 참고.

28. Timur Kuran, Public Lies, Private Truths 78 (1997) 참고.

29. Dennis v. United States, 341 U.S. 494, 503 (1951) 참고.

30. 395 U.S. 444 (1969).

01. Myrto Pantazi, Olivier Klein, & Mikhail Kissine, *Is Justice Blind or Myopic?* 15 Judgement & Decision Making 214 (2020), http://journal.sjdm.org/19/190118a/jdm190118a.pdf에서 열람 가능.

02. 위의 글.

03. 위의 글.

04. Soroush Vosoughi, Deb Roy, & Sinan Aral, *The Spread of True and False News Online*, 359 Soc. Sci., https://science.sciencemag.org/content/359/6380/1146에서 열람 가능.

05. Chip Heath, Chris Bell, & Emily Sternberg, *Emotional Selection in Memes: The Case of Urban Legends*, 81 J. Personality & Soc. Psychol. 1028 (2001), http://citeseerx.ist.psu.edu/viewdoc/download?doi=10.1.1.627.1473&rep=rep 1&type=pdf에서 열람 가능.

06. Brendan Nyhan & Jason Reifler, *When Corrections Fail: The Persistence of Political Misconceptions*, 32 Pol. Behav. 303, 308-309 (2010) 참고.

07. Thomas Wood & Ethan Porter, *The Elusive Backfire Effect*, 41 Pol. Behav. 135 (2019) 참고.

08. Readings about the Social Animal 13 (Elliott Aronson ed., 1995) 중 Solomon Asch, *Opinions and Social Pressure*의 개관 참고.

09. 이하 내용은 Cass R. Sunstein, Conformity (2019)에서 인용했으며, 현재의 목적에 맞게 일부 내용을 수정했다.

10. 위의 책 15쪽.

11. Dominic Abrams et al., *Knowing What to Think by Knowing Who You Are*, 29 Brit. J. Soc. Psychol. 97, 106-108 (1990).

12. 위의 글.

13. Robert Shiller, Irrational Exuberance 149-150 (2000) 참고.

14. Rod Bond & Peter Smith, *Culture and Conformity: A Meta-Analysis of Studies Using Asch's Line Judgement Task*, 199 Psychol. Bull. 111, 124 (1996) 참고.

15. Robert Baron et al., Group Process, Group Decision, Group Action 66 (2d ed.

1999) 참고.

16. Asch, 주 08의 글, 21쪽.

17. 위의 글.

18. 몇 가지 예로 Sushil Biikhchandani et al., *Learning from the Behavior of Others*, J. Econ. Persp., Summer 1998, 151쪽; Lisa Anderson & Charles Holt, *Information Cascades in the Laboratory*, 87 Am. Econ. Rev. 847 (1997); Abhijit Banerjee, *A Simple Model of Herd Behavior*, 107 Q.J. Econ. 797 (1992); Andrew Daughety & Jennifer Reinganum, *Stampede to Judgment*, 1 Am. L. & Econ. Rev. 158, 159–165 (1999) 참고.

19. Mark Granovetter, *Threshold Models of Collective Behavior*, 83 Am. J. Soc. 1420 (1978) 참고; 최근의 대중적 논의로는 Malcolm Gladwell, The Tipping Point 5–22 (2000) 참고.

20. Lisa Anderson & Charles Holt, *Information Cascades in the Laboratory*, 87 Am. Econ. Rev. 847 (1997) 참고.

21. Timur Kuran, Public Lies, Private Truths 4–20 (1997) 참고.

22. The Federalist No. 49 (James Madison).

23. Cass R. Sunstein, *The Law of Group Polarization*, 10 J. Polit. Phil. 175 (2002) 참고.

24. Roger Brown, Social Psychology 222 (2d ed. 1985) 참고. 여기에는 미국, 캐나다, 뉴질랜드, 독일, 프랑스가 포함된다. 예를 들어 Johannes Zuber et al., *Choice Shift and Group Polarization*, 62 J. Personality & Soc. Psychol. 50 (1992) (Germany) 참고; Abrams, 위의 주 11의 글, 112쪽 (New Zealand). 물론 어떤 문화가 극단화 경향을 더, 혹은 덜 나타내는지에 대한 설명도 가능하다. 이 경향의 차이는 경험적 연구에서 매우 흥미로운 영역이 될 것이다.

25. D. G. Myers, *Discussion-Induced Attitude Polarization*, 28 Hum. Rel. 699 (1975) 참고.

26. Brown, 위의 주 24의 책, 224쪽.

27. D. G. Myers and G. D. Bishop, *The Enhancement of Dominant Attitudes in Group Discussion*, 20 J. Personality & Soc. Psychol. 286 (1976).

28. 위의 글.

248   L I A R S   ⎯⎯⎯⎯⎯•

01. 예를 들어 JulianneSchultz, Reviving the Fourth Estate: Democracy, Accountability and the Media 47-68 (1998) 참고.

02. Cass R. Sunstein, Sebastian Bobadilla-Suarez, Stephanie C. Lazzaro, & Tali Sharot, *How People Update Beliefs about Climate Change: Good News and Bad News*, 102 Cornell L. Rev. 1431, 1440 (2017); Michael Thaler, *The "Fake News" Effect: An Experiment on Motivated Reasoning and Trust in News* 33 (Nov. 1, 2019) (미출간 원고) (파일 저자 소유)도 참고. 믿음을 바꾸는 데 있어 "바람직성 편향"을 포함한 동기부여된 추론을 구체화한 중요한 연구로는 Ben Tappin et al., *The Heart Trumps the Head: Desirability Bias in Political Belief Revision*, 146 J. Exp. Psychol. 1143, 1147 (2017) 참고.

03. Jud Campbell, *Natural Rights and the First Amendment*, 127 Yale L.J. 246 (2017).

04. 376 U.S. 254 (1964). 명예훼손의 역사에 관해서는 일반적으로 William L. Prosser, *Libel Per Quod*, 46 Va. L. Rev. 839 (1960) 참고.

05. McKee v. Cosby, 139 S. Ct. 675, 678 (2019) (Thomas 대법관, 상고 기각 동조 의견). 이 판결에 관한 문헌은 방대하다. 일반적으로 Kermit Hall & Melvin Urofsky, *New York Times v. Sullivan*: Civil Rights, Libel Law, and the Free Press (2011); Anthony Lewis, Make No Law: The Sullivan Case and the First Amendment (1991); Richard A. Epstein, *Was* New York Times v. Sullivan *Wrong?*, 53 U. Chi. L. Rev. 782 (1986) 참고. 살펴볼 만한 역사적 관점으로는 James Maxwell Koffler, *The Pre-Sullivan Common Law Web of Protection against Political Defamation Suits*, 47 Hofstra L. Rev. 153 (2018) 참고.

06. Harry Kalven, The Negro and the First Amendment 55 (1965) 참고.

07. 376 U.S. 280, 286-287쪽; Dun & Bradstreet, Inc. v. Greenmoss Builders, Inc., 472 U.S. 749, 776 (1985) (Brennan 대법관의 반대의견) 또한 참고.

08. 376 U.S. 271-272쪽 [NAACP v. Button, 371 U.S. 415, 433 (1963) 인용].

09. 위의 판결 273쪽.

10. 주 05, Epstein의 글 806쪽.

11. 418 U.S. 323 (1974).

12. 위의 판결 341쪽.

13. 376 U.S. 278쪽.

14. 위의 판결 279쪽.

15. United States v. Alvarez, 567 U.S. 709, 718 (2012).

16. McKee v. Cosby, 139 S. Ct. 675, 676 (2019) (Thomas 대법관, 상고 기각 동조 의견) 참고.

17. 위의 판결.

18. Pub. L. No. 105-304, 112 Stat. 2860 (1998) (17 U.S.C.의 여러 조항으로 나뉘어 규정돼 있음).

19. 47 U.S.C. § 230 (2012).

20. 흥미로운 시각으로 Adi Robertson, *Why the Internet's Most Important Law Exists and How People Are Still Getting It Wrong*, The Verge (June 21, 2019, 1:02 pm),
https://www.theverge.com/2019/6/21/18700605/section-230-internet-law-twenty-six-words-that-created-theinternet-jeff-kosseff-interview
[https://perma.cc/WT9S-6Q3C] 참고.

21. 예를 들어 Batzel v. Smith, 333 F.3d 1018, 1034 (9th Cir. 2003); Zeran v. Am. Online Inc., 129 F.3d 327, 331 (4th Cir. 1997); Blumenthal v. Drudge, 992 F. Supp. 44, 49-53 (D.D.C. 1998); Barrett v. Rosenthal, 146 P.3d 510, 513 (Cal. 2006) 참고.

22. Patricia Sanchez Abril & Jacqueline D. Lipton, *The Right to Be Forgotten: Who Decides What the World Forgets?*, 103 Ky. L.J. 363, 385 (2014) 참고.

23. *Bullying and Harassment*, Facebook Community Standards,
https://www.facebook.com/communitystandards/bullying
[https://perma.cc/DD63-GZQY].

chapter **8 해악**

01. Hannah Arendt, *Truth and Politics,* in Truth: Engagements across Philosophical Traditions 295, 300 (José Medina & David Wood eds., 2008).

02. 일반적으로 Gerald G. Ashdown, *Distorting Democracy: Campaign Lies in the 21st Century*, 20 Wm. & Mary Bill Rts. J. 1085 (2012); William P. Marshall,

False Campaign Speech and the First Amendment, 153 U. Pa. L. Rev. 285 (2004) 참고.

03. 여기서 나는 허위사실을 규제하는 어떤 가상의 법규가 내용에 따른 규제 혹은 관점에 따른 규제로 나타나는 경우를 구분하려고 한다. 예를 들어, 공화당 후보에 대한 허위사실은 금지하고 민주당 후보에 대해서는 그러지 않는다면, 내용에 따른 규제로서 인정할 수 없다고 쉽게 판단할 수 있다. 미국 대통령에 대한 허위사실 금지도 마찬가지로 같은 유형에 포함될 것이다. 하지만 몇 가지 까다로운 문제가 있다. 대통령에 대한 협박을 금지하는 것은 합헌이라고 일반적으로 받아들여진다. 그런 협박은 내용 중립적인 명분을 갖는 것이 명백하다는 이유이다. 군통수권자에 대한 협박은 특별히 위험하다. 허위사실에 대해서도 똑같이 말할 수 있을까? 내 생각에는 그런 결론은 정당화하기 어렵다. 특정 공직자에 대한 허위사실을 금지하는 것은, 그 대상이 대통령이라도, 기껏해야 그 사람을 공적 감시로부터 보호하려는 시도로 인식될 것이다.

04. Pestrak v. Ohio Elections Comm'n., 926 F.2d 573, 577 (6th Cir. 1991) 참고 (정치 캠페인에서 허위 발언을 금지하는 오하이오주 규정을 인정). 그러나 Susan B. Anthony List v. Driehaus, 814 F.3d 466, 476 (6th Cir. 2016)도 참고 (오하이오주의 선거 관련 허위사실 금지법은 충분한 구체성을 결여하여 "정치적 표현의 핵심"을 내용에 따라 제한하는 것으로 위헌이라고 판결); 281 Care Comm. v. Arneson, 766 F.3d 774, 785 (8th Cir. 2014) ("[미네소타주의 정치적 허위 발언 금지법은] 불필요하고, 지나치게 광범위한 동시에 포괄적이지 못하여, 규정된 목표를 달성하기 위한 최소한의 제한 수단이 아니고, 따라서 충분히 명확하게 구체적이지 않다."); Tomei v. Finley, 512 F. Supp. 695, 698 (N.D. Ill. 1981) (선거운동 과정에서 "REP"이라는 말을 쓰는 것은 피고가 공화당원이라는 잘못된 인상을 주기 때문에 「수정헌법」 1조로 보호되지 않는다고 판결). 이러한 제한이 철폐되어야 한다는 주장으로는 Marshall, 주 02의 글 300-322쪽; Geoffrey R. Stone, *The Rules of Evidence and the Rules of Public Debate*, U. Chi. Legal F. 127, 136-137 (1993); James Weinstein, *Free Speech and Domain Allocation: A Suggested Framework for Analyzing the Constitutionality of Prohibitions of Lies*, 71 Okla. L. Rev. 167, 206-213 (2018) 참고.

05. Leonardo Bursztyn, Aakaash Rao, Christopher Roth, & David Yanagizawa-Drott, *Misinformation During a Pandemic* (Becker Friedman Institute, Working Paper No. 2020-2044, 2020), https://bfi.uchicago.edu/wp-content/uploads/BFI_WP_202044.pdf.

06. Marc Jonathan Blitz, *Lies, Line Drawing, and (Deep) Fake News*, 71 Okla. L. Rev. 59, 61 (2018); Robert Chesney & Danielle Citron, *Deep Fakes: A Looming Challenge for Privacy, Democracy, and National Security*, 107 Calif. L. Rev. 1753, 1757-1758 (2019).

07. Danielle Keats Citron, *Sexual Privacy*, 128 Yale L.J. 1870, 1921-1922 (2019).

08. 다음은 그 예이다. BBC News, *Fake Obama Created Using AI Video Tool*, YouTube (July 19, 2017),
https://www.youtube.com/watch?v=AmUC4m6wIwo
[https://perma.cc/89DT-Y4C6]; Fortune Magazine, *What Is a Deepfake? Video Examples with Nicolas Cage, Jennifer Lawrence, Obama Show Troubling Trend*, YouTube (Mar. 11, 2019),
https://www.youtube.com/watch?v=-yQxsIWO2ic
[https://perma.cc/WW9F-JZ9F]; Bernhard Warner, *Deepfake Video of Mark Zuckerberg Goes Viral on Eve of House A.I. Hearing*, Fortune (June 12, 2019, 12:31 pm), https://fortune.com/2019/06/12/deepfake-mark-zuckerberg [https://perma.cc/52PM-2DGE].

09. Corp. Training Unlimited, Inc. v. Nat'l. Broad. Co., 868 F. Supp. 501, 507 (E.D.N.Y. 1994) ("텔레비전 프로그램의 음성과 영상 부분"을 검토할 때 법원은 "겉으로 봐서는 비교적 평범해 보이는 대본도 실제로는 …… 굉장히 자극적일 수 있는 가능성"과 함께 "절반의 진실에 의견 같은 문장을 영리하게 뒤섞고, 잘 연출된 영상과 극적인 음향효과로 장식해 텔레비전이라는 강력한 매체로 내보내면 파괴적일 수 있다는 점"을 인식해야 한다고 설명).

10. *Alvarez* 판결에서 Breyer 대법관은 "거짓말하는 것을 제한 없이 단순히 금지하는 규정은, 심지어 어떤 특정 사안에 대한 거짓말이라고 하더라도 거의 없다. 그 대신, 사실상 모든 사례는 맥락의 제한, 피해 입증 등을 요구하여 구체적인 해악이 일어날 가능성이 더 높은 거짓말로 규정의 범위를 좁힌다"라고 언급했다. 567 U.S. 709, 736 (2012) (Breyer 대법관, 동조 의견). Breyer 대법관은 이어서 "해당 규정으로 인한 법적 책임 부담이나 형사처벌을 받을 위험이 지나치게 확대되어, 맥락상 해악을 일으킬 가능성이 없거나 금지의 필요성이 낮은 거짓말까지 가로막고 방지하는 결과가 나타나지 않도록 확실히 하는 것이 그러한 제한의 효과이다"라고 설명했다. 같은 판결.

11. Hustler Magazine, Inc. v. Falwell, 485 U.S. 46, 54 (1988).

12. 디프페이크가 그 대상에게 피해를 주려고 위협하지 않은 경우라도, 그와

관계없이 피해를 일으킬 수 있다. 예를 들어 어느 공직 후보자가 실제로는 전혀 하지 않은 영웅적인 행동을 한 것처럼 묘사하는 디프페이크 영상을 생각해 보자.

13. *Alvarez*, 567 U.S. 727쪽.

14. Yoel Roth & Ashita Achuthan, *Building Rules in Public: Our Approach to Synthetic & Manipulated Media*, Twitter Blog (Feb. 4, 2020), https://blog.twitter.com/en_us/topics/company/2020/new-approach-to-synthetic-and-manipulated-media.html. 이 블로그 포스트의 내용은 이렇다. 우리가 생각하는 구체적인 해악은 이런 것들이다. 사람 또는 집단의 신체적 안전에 대한 위협. 대규모 폭력이나 광범위한 대중적 소요의 위험. 사람 또는 집단의 프라이버시나 자유로운 표현과 시민적 행사에 참가할 수 있는 능력에 대한 위협. 스토킹 또는 원치 않는 강박적인 관심. 비유나 욕설을 포함해 특정인을 겨냥한 콘텐츠 혹은 누군가를 침묵시키려는 목적의 게시물. 투표를 가로막거나 위협하는 것.

15. *Alvarez*, 567 U.S. 726쪽.

16. 위의 판결 729쪽.

17. 가치 있는 논의로는 일반적으로 주 06, Blitz의 글 참고. ["허위 발언이 단순히 잘못된 사실만을 전달하지 않고 신뢰성이 있는 증표(이를테면 조작한 신문이나 영상, 음성테이프)를 포함한 형태로 돼 있다면, 정부는 허위 발언을 규제할 때 통상적으로 갖는 권한보다 더 큰 권한을 가져야 한다." 같은 글 110쪽.] 헌법적 문제에 대한 세심한 분석으로는 주 06, Chesney & Citron의 글 1790-1793쪽을 참고. (*Alvarez* 판결이 규제에 대한 상당한 장애물이 된다고 판단.)

18. Daniel Kahneman, Thinking, Fast and Slow 20-21 (2011) 참고.

19. Monika Bickert, *Enforcing against Manipulated Media*, Facebook (Jan. 6, 2020), https://about.fb.com/news/2020/01/enforcing-against-manipulated-media [https://perma.cc/A4SV-878X].

20. 위의 글. Guy Rosen, *Helping to Protect the 2020 US Elections*, Facebook (Oct. 21, 2019), https://about.fb.com/news/2019/10/update-on-election-integrity-efforts[https://perma.cc/Q6DV-YA4Q] (잘못된 정보 확산이 미국 대선에 미치는 영향을 줄이기 위한 추가적 안전 장치 발표)도 참고.

21. *Spam, Deceptive Practices & Scams Policies*, YouTube Help Center, https://support.google.com/youtube/answer/2801973?hl=en (2020년 7월

16일 최종 방문).

22. Guy Rosen et al., *Helping to Protect the 2020 US Elections*, Facebook(Oct. 21, 2019),

 https://about.fb.com/news/2019/10/update-on-election-Integrity-efforts/.

23. 위이 글.

24. *Misinformation*, Facebook,

 https://www.facebook.com/policies/ads/prohibited_content/ misinformation.

25. *Civic Integrity Policy*, Twitter (May 2020),

 https://help.twitter.com/en/rules-and-policies/election-integrity-policy 참고.

26. 주 21, *Spam, Deceptive Practices, and Scams Policies* 참고.

27. Yoel Roth & Nick Pickles, *Updating Our Approach to Misleading Information*, Twitter Blog (May 11, 2020),

 https://blog.twitter.com/en_us/topics/product/2020/updating-our- approach-to-misleading-information.html.

28. 376 U.S. 254 (1964).

29. 395 U.S. 444 (1969).

30. Tessa Lyons, *Hard Questions: What's Facebook's Strategy for Stopping False News?* (May 23, 2018),

 https://about.fb.com/news/2018/05/hard-questions-false-news/ 참고.

31. Alex Kantrowitz, *Facebook Is Taking Down Posts That Cause Imminent Harm—But Not Posts That Cause Inevitable Harm*, Buzz Feed News (May 23, 2020, 11:50 AM),

 https://www.buzzfeednews.com/article/alexkantrowitz/facebook- coronavirus-misinformation-takedowns 참고.

32. Cass R. Sunstein, *Does the Clear and Present Danger Test Survive Cost- Benefit Analysis?*, 104 Cornell L. Rev. 1775 (2019) 참고.

01. Hannah Arendt, *Truth and Politics*, in Truth: Engagements across
Philosophical Traditions 295, 300 (José Medina & David Wood eds., 2008).

색인

L I A R S ⸺⸺ •

ㅇ

기타

Philos 017

라이어스

1판 1쇄 인쇄 2023년 2월 23일
1판 1쇄 발행 2023년 3월 15일

지은이 캐스 선스타인
옮긴이 김도원
펴낸이 김영곤
펴낸곳 (주)북이십일 아르테

책임편집 김지영
편집 최윤지
디자인 박대성
기획위원 장미희
출판마케팅영업본부 본부장 민안기
마케팅 배상현 한경화 김신우 강효원
영업 최명열 김다운
해외기획 최연순 이윤경
제작 이영민 권경민

출판등록 2000년 5월 6일 제406-2003-061호
주소 (10881) 경기도 파주시 회동길 201(문발동)
대표전화 031-955-2100 팩스 031-955-2151

(주)북이십일 경계를 허무는 콘텐츠 리더

아르테 채널에서 도서 정보와 다양한 영상자료, 이벤트를 만나세요!
인스타그램 instagram.com/21_arte   페이스북 facebook.com/21arte
          instagram.com/jiinpill21   facebook.com/jiinpill21
포스트 post.naver.com/staubin   홈페이지 http://www.book21.com/
          post.naver.com/21c_editors

ISBN 978-89-509-3370-8 03300